SÃO BRÁS
Bispo e mártir

Pe. BRAZ DELFINO VIEIRA, C.Ss.R.

SÃO BRÁS
Bispo e mártir
VIDA, CURIOSIDADES E DEVOÇÃO

Um embate do cristianismo diante do
politeísmo da cultura do Império romano
no quarto século da era cristã

Direção Editorial:	Pe. Fábio Evaristo R. Silva, C.Ss.R.
Conselho Editorial:	Ferdinando Mancilio, C.Ss.R.
	Marlos Aurélio, C.Ss.R.
	Mauro Vilela, C.Ss.R.
	Ronaldo S. de Pádua, C.Ss.R.
	Victor Hugo Lapenta, C.Ss.R.
Coordenação Editorial:	Ana Lúcia de Castro Leite
Copidesque:	Sofia Machado
Revisão:	Bruna Vieira da Silva
	Luana Galvão
Diagramação e Capa:	Mauricio Pereira

Dados Internacionais de Catalogação na Publicação (CIP)
(Câmara Brasileira do Livro, SP, Brasil)

Vieira, Braz Delfino
  São Brás, bispo e mártir: vida, curiosidades e devoção/ Pe. Braz Delfino Vieira. – Aparecida, SP: Editora Santuário, 2018.
  "Um embate do cristianismo diante do politeísmo da cultura do Império romano no quarto século da era cristã."

  ISBN 978-85-369-0548-8

  1. Brás, Santo, m. 316 2. Histórias de vida 3. Mártires cristãos 4. Santos cristãos – Biografia I. Título.

18-17734   CDD 282.092

Índices para catálogo sistemático:

1. Santos: Igreja Católica: Biografia 282.092
Iolanda Rodrigues Biode – Bibliotecária – CRB-8/10014

1ª impressão
Todos os direitos reservados à **EDITORA SANTUÁRIO** – 2018

Rua Pe. Claro Monteiro, 342 – 12570-000 – Aparecida-SP
Tel.: 12 3104-2000 – Televendas: 0800 - 16 00 04
www.editorasantuario.com.br
vendas@editorasantuario.com.br

Rua João Paulo II, s/n - Alto da Bela Vista
Cachoeira Paulista-SP - Cep: 12630-000
Tel.: [55] (12) 3186-2600
E-mail: editora@cancaonova.com | loja.cancaonova.com
Twitter: @editoracn

Recordando o 1702º aniversário
do Martírio de São Brás.
Ao Rei dos Mártires: Jesus Cristo!
E aos que me deram este nome.

PREFÁCIO

À GUISA DE PREFÁCIO

Vem de longe meu interesse pela vida do santo "intercessor contra os males da garganta", São Brás, bispo e mártir de Sebaste, na antiga Armênia Menor, Província do Império romano.

Foram poucas e parcas as fontes de sua história que consegui reunir. Não encontrei uma biografia dele nas línguas que me são acessíveis.

Literatura sobre São Brás

A principal, e por assim dizer única, que encontrei, são as quatro "Atas" de seu martírio, redigidas em latim medieval e editadas na coleção "Bolandistas".[1] O restante depende e, na verdade, reproduz o conteúdo dessas Atas. E, ainda mais, as próprias Atas interdependem-se e se reproduzem umas nas ou-

---

[1] Do nome do jesuíta belga Jean Bolland, segundo diretor da instituição que, desde o século XVII, publica, com métodos críticos e aperfeiçoados, as Vidas dos Santos, *Acta Sanctorum*.

tras; têm a mesma subdivisão em quatro capítulos e o conteúdo desses difere apenas em alguns conceitos e breves pormenores. Por exemplo: a 4ª Ata, proveniente dos códices do grande renascentista, Cardeal Barônio, parece a mais recente e é vazada em um latim mais caprichado; é também a única que conta em 40 hexâmetros a "estória" do Lobo e do Porco. A 1ª Ata parece ser a mais antiga e é também a mais concisa. Seria a "fonte" das outras três?

Famoso durante a Idade Média

A historiadora Regina Pernoud, em sua pesquisa sobre "Os Santos da Antiga França", garante-nos que São Brás era muito venerado no país de Santa Joana d'Arc e que era um dos "14 santos curadores e intercessores que receberam de Deus um dom particular sobre o corpo e a alma de quem os invocar". Na região da Lorena, existiu até um dito popular: "Devant Saint Blaise tout mal s'apaise", que se pode traduzir assim: "São Brás todo mal desfaz". Consta que, a partir do século VIII, foi grandemente conhecido no Ocidente Cristão.

Padroeiro e Titular

Conta-nos Camillus Tutinus que, no dia 19 de abril do ano de 1632, o Cardeal Francisco Buoncompagno, arcebispo de Nápoles, lançou, naquela cidade, a "Pedra Fundamental" de uma grande igreja que os napolitanos dedicaram a São Brás, como penhor de gratidão, por terem sido libertados, graças à intercessão do santo mártir, de uma epidemia de "angina pectoris", que dizimava a população.

Regina Pernoud refere-se a uma capela do século XIII dedicada a São Brás e restaurada em 1975, em Gourby nas "Landes" (campinas) francesas, com uma "fonte milagrosa" que atrai centenas de romeiros a cada ano no dia da Festa do Padroeiro, celebrada, desde o século VIII, no dia 3 de fevereiro no Ocidente; e no dia 11, com ritos mais solenes e pomposos pela Igreja Grega.

São Brás foi bispo?

Os martirológios mais antigos gregos e latinos o atestam: foi um bispo no contexto da perseguição aos cristãos pelo Império romano da época. Portanto, o bispo de uma "Igreja do Silêncio e das Catacumbas" e que quase só os cristãos o sabiam. Suas atividades pastorais foram também bem diferentes de atualmente.

Mártir? Quando?

É a afirmação mais encontrada nas Atas e nos Martirológios a respeito dele. Os escritores Constantius Felicius e Florarium sustentam que ele foi martirizado no ano 287, durante a perseguição aos cristãos decretada pelo imperador Diocleciano. Há autores que colocam seu martírio no tempo do imperador Juliano, o Apóstata (assim chamado pelos cristãos por ter ele renegado seu batismo e voltado às práticas do culto aos deuses imperiais).

Acho preferível ficar com os martirológios gregos e latinos que apontam o ano 316 como o de seu martírio sob o imperador Licínio (outro que se apostatou da fé cristã) e o prefeito Agricolau, que governava a província da Capadócia e Armênia Menor. Parece, outrossim, que esses martirológios são a "fonte" das Atas do martírio de São Brás.

Médico também?

As "Atas" II e IV afirmam peremptoriamente: "Medicus artis peritissimus fuit", quer dizer: "foi um médico muito conceituado".

Garimpando na história de meu santo xará, topei com algumas curiosidades:

A bênção sob sua invocação, com a imposição de duas velas cruzadas sob a garganta da pessoa a ser abençoada, é uma prática antiquíssima, herdada da liturgia grega. No entanto, só em inícios do século XVII é que o papa Paulo V (Camillo Borghese — 1605-1621) a colocou oficialmente no ritual da Igreja católica latina e a estendeu a todos os fiéis no dia da Festa de São Brás, ou seja, 3 de fevereiro.

Aetius, um médico grego que viveu no V século da era cristã, em Amida, junto ao Rio Tigre, deixou-nos uma curiosa receita em seu livro "Tetrabiblos", traduzido para o latim, por um certo Jano Cornário, sob o título "Medicae Artis Principes", "Príncipes da Arte Médica" e editado em 1567. Ouçamo-la! "Atenda imediatamente o paciente, pois corre o risco de morrer. Chame-lhe a atenção tocando-lhe com os dedos a garganta. Diga: 'Como Jesus Cristo ressuscitou Lázaro do sepulcro ou Jonas saiu do peixe, seja osso, se for osso ou o que for, Brás, o mártir e servo de Cristo ordena: desce ou sobe!'"

É possível que São Brás tenha praticado uma medicina nesses moldes que eram usuáveis naquele tempo.

Uma pessoa luminosa

De minhas buscas, pesquisas e leituras, emergiu uma pessoa simpática, humana e acolhedora. Nunca se postando no foco dos acontecimentos. Talvez, um pouco tímido, mas sempre prestativo. Porém, o que mais me encantou foi descobrir nele uma raridade: pertencia a essa classe de pessoas que, de tanto se ocupar com o bem dos outros, esquecem-se de si mesmas e passam a "habitar" naqueles cuja felicidade procuram sinceramente.

Escrever-lhe as peripécias?

Porque surgiu-me o desejo de partilhar com outros o que recolhi sobre São Brás. Pensei primeiramente em traduzir as "Atas" de seu martírio. Percebi logo, porém, que seria uma leitura insossa e de compreensão difícil. Espelhavam uma cultura religiosa: a da Baixa Idade Média Cristã. As notas de rodapé emperrariam o fluir do texto. Então, resolvi escrever uma "biografia romanceada", pois assim o texto ficaria mais leve e atrativo.

Faço isso elencando os relatos das Atas, reescrevendo-os quase na mesma ordem. Após cada "fato" coloco, às vezes, três amigos filósofos representantes dos três sistemas de pensar mais em voga na época: estoicismo, cinismo e epicurismo. Eles ressoariam o que se comentava entre os sebastenos acerca do "afaire" Brás.

Em uma tentativa de contextualizar os fatos acrescentei, também, algumas "notas" tiradas da Enciclopédia Delta Larousse, no que diz respeito a lugares e pessoas da história contemporânea àqueles acontecimentos.

Considerando

A vida dos amigos de Deus é feita em uma mistura de alegrias e dores, sucessos e contratempos. O leitor que nos acompanhou até agora, se prosseguir, encontrará em nosso herói uma testemunha fiel de Nosso Senhor Jesus Cristo, que veio ao mundo para testemunhar o amor do Pai do Céu por nós e repartiu conosco sua VIDA em plenitude e para sempre.

O autor

1
ESTAVA PARA MORRER ENGASGADO

"Sereis conduzidos à presença de governadores para dardes testemunho de mim."
(Mt 10,18)

Capitaneados pelo decurião Quirino, desciam pela rua poeirenta, em passo cadenciado e quase marcial, um troço de soldados fortemente equipados com as armas daquele tempo: couraças, saios de malha, escudos, espadas curtas para combate corpo a corpo e capacetes vistosamente emplumados.

Estamos em Sebaste[1], capital da província romana da Armênia Menor,[2] pelo final de janeiro do ano 316 da era cristã. Deu-se um fato rumoroso: a captura de Brás, o chefe dos cristãos sebastenos;[3] conduziram-no à masmorra por ordem do

---

[1] Sebaste significa "Augusta" ou "Imperial". Deriva do adjetivo grego "Sebastós" com que qualificavam o Imperador romano naqueles tempos. Por isso seu título de "Augusto". Dar esse nome a uma cidade poderia significar prestar uma homenagem ao Imperador reinante ou, talvez, um título de proeminência dessa cidade sobre as circunvizinhas. Houve várias cidades com esse nome.

[2] A tradição das igrejas grega e latina estabelece Sebaste como a "Sé" diocesana de São Brás e o lugar de seu martírio. Afirma, outrossim, que é a capital da Armênia Menor. Essa "Armênia Menor" situava-se nos confins do Império romano do Oriente, ao sul do Mar Negro. Portanto, diferente da Armênia atual, que se localiza ao norte deste. Também uma tradição muito antiga afirmava que Eulogius Sebastenus, bispo da Província da Armênia Menor, teria participado do Concílio de Niceia, realizado no ano de 325 da era cristã. Seria ele o primeiro ou o segundo sucessor de São Brás à frente daquela diocese.

[3] Que São Brás foi o bispo de Sebaste é a afirmativa mais constante em todas as fontes que noticiam sobre ele. Nos antiquíssimos martirológios a fórmula é sempre: "Blasii, Ep. Et Mart", isto é: "Brás, bispo e mártir". Também nas "Atas" de seu martírio da "Coleção Bolandista" é, invariavelmente, chamado "bispo". Por exemplo, na Acta 1ª se diz: "Videntes ergo irreprehensibilem ejus vitam, hi que in Sebastea Cappadociae civitate fideles existebant elegerunt eum sibi in Episcopo", isto é: "considerando sua vida

prefeito Agricolau.[4] Inesperadamente, surgiu uma senhora trazendo nos braços um menino desmaiado e aparentando ter a idade de uns quatro a cinco anos. Rompeu por entre os soldados e caiu de joelhos diante do ancião que conduziam amarrado e com calcetas nos tornozelos dificultando-lhe muito as passadas.

Em prantos e aos gritos, ela extravasou a amargura que tinha na alma: "Salva meu filho, santo homem de Deus! Ele está morrendo engasgado. Vê como está roxo e já nem respira! O coitadinho engoliu uma espinha de peixe, que lhe atravessou na goela. É um inocente que não sabe o que faz! Santo homem, dizem que és a presença da bondade e de todos te compadeces... tem pena de uma mãe infeliz! Não sou cristã, mas creio que és grande amigo do Deus dos cristãos. Pede a teu Deus que não deixe morrer meu único filho! Este menino é a única razão para eu viver ainda... Depressa, homem divino, homem de Deus, homem santo, acode-me! Vê,

---

irrepreensível, os fiéis que moravam na cidade de Sebaste da Capadócia escolheram-no para seu bispo". Com termos semelhantes, as outras três Atas do martírio dizem o mesmo. Os "Petits Bollandistes" que são o resumo (em francês) dos Grandes Bolandistas (em latim) assim se exprimem: "... ayant gagné par ses vertus l'affection de tout le peuple, il fu élu évêque de la ville de Sebaste qui est en la province d'Arménie". Significa: "... tendo ganhado por suas virtudes a afeição de todo o povo, ele foi eleito bispo da cidade de Sebaste, situada na província da Armênia". Podemos afirmar que ele foi o bispo que o Apóstolo São Paulo desenhou para Timóteo, seu discípulo: presença amiga, solidária e fiel junto a seus coirmãos na fé.
Aqui surge uma dúvida: província da Armênia ou da Capadócia?
É que, provavelmente, existiram pelo menos duas cidades, capitais de províncias, com esse nome. A "Sé" de São Brás seria a capital da Armênia Menor, como afirma a IV Ata do martírio, e teria sido desmembrada da província da Capadócia.
Embora os "santinhos" e imagens representem São Brás vestido como os bispos de hoje, por certo ele nunca se vestiu assim; também sua atividade episcopal pouco se pareceu com a dos bispos atuais. É compreensível, pois os cristãos seriam poucos e viviam em regime "de igreja das catacumbas", isto é, perseguidos. E, no ambiente do Império Romano Oriental, evitavam tudo que os denunciasse levianamente como seguidores de uma religião proibida.

[4] Era o "prefeito", cargo equivalente a Governador de Província. Exercia o poder administrativo e judicial na Província romana da Armênia Menor. No julgamento de São Brás, é sempre chamado de "praesidis", isto é, juiz ou aquele que preside. Talvez fosse de nacionalidade grega. Muito dedicado ao culto oficial do Império romano, principalmente, do imperador divinizado, pois via nesse culto a garantia de estabilidade do Império. Era homem de confiança do imperador Licínio. Culto e eloquente. Nos martiriológios de São Brás é qualificado de "ferox", isto é, feroz.

está morrendo! Ah! Ah!" E caiu desmaiada agarrando contra o peito seu filho.

O ancião prisioneiro estendeu suas mãos amarradas, impondo-as sob a cabeça do menino e movimentando os lábios em uma prece silenciosa. A mulher reanimou-se com um raio de esperança a bailar-lhe nos olhos. Os soldados ficaram como que petrificados, só o decurião se aproximou e desamarrou os pulsos do prisioneiro. Este traçou, lenta e solenemente, o sinal da cruz sobre a garganta do menino e continuou rezando em silêncio por uns momentos a mais.

Entrementes, muitos curiosos se aproximavam de olhos fixos no rosto quase luminoso do ancião, emoldurado por longa barba e cabeleira esvoaçante da cor da neve.

Abrindo os olhos e levantando-os ao céu, implorou: "Senhor Jesus, Filho do Deus vivo e Pai das misericórdias, prometeste estar junto de quem te invocasse com fé verdadeira, firme confiança e coração cheio de amor. Eu, pequeno e indigno pecador, peço-te e imploro, rogo-te e suplico-te, retira esta espinha de peixe entalada na garganta deste inocente e restitui vivo a sua mãe agoniada. E, em nome de Cristo, eu te ordeno: osso de peixe sobe ou desce!"

Nesse instante a criança tossiu, saltando-lhe da boca um pontudo osso de peixe envolto em baba sangrenta. A senhora agarrou-se ao filho gritando sua alegria: "Milagre! Milagre! Ele salvou da morte o meu filho!" Depois colocou a fronte sobre os pés do ancião, que sorriu benignamente. Beijou-lhe os pés e prorrompeu na sua gratidão: "Obrigada, amigo de Deus! Obrigada, santo! Deus te abençoe para sempre! Deus te recompense, santo homem!"

Um vozerio estrugiu pela praça. Parecia que todos os dialetos da Anatólia (a Turquia hodierna) ecoassem pelos quatro ventos. Ouviam-se: "Santo! É um deus! É Júpiter, o pai dos deuses! É Esculápio, o curador dos homens! Maravilha! Nunca se viu coisa assim! Nem Hipócrates fez tanto! Um sacrifício para este deus! Imole-se um carneiro! Que nada! Um touro, sim! Todos ao templo! Incenso na passagem deste deus que nos visita!"

A um aceno do decurião, os soldados desembainharam as espadas e, com os escudos apoiados no antebraço esquerdo, fizeram, em um átimo, uma muralha de aço em volta do preso. A mulher e o menino foram retirados do círculo formado por escudos e couraças.

O prisioneiro, erguendo o braço direito, falou: "Mui digno, decurião, soldados guardiães da ordem no Império, cidadãos sebastenos, ouvi-me!

Não vos admireis do que acabastes de ver. Quem fez esse portento não fui eu; foi o Filho do Deus vivo a quem adoro e reconheço como o único Deus verdadeiro e tenho a honra de servir. A Ele devotei minha vida. Ele se chama Jesus Cristo, o Deus-Homem. Ele nasceu de uma Virgem, na Judeia. Propôs e ensinou o Reino de Deus para ser vivido pela humanidade, como a maneira correta de agradar a Deus. Foi justo e bom. Passou a vida fazendo o bem. Morreu crucificado em Jerusalém, por ordem do prefeito Pôncio Pilatos. Mas, Ele está vivo, porque é Deus, e Deus não morre. Por isso, ressuscitou ao terceiro dia depois de morrer na cruz. Agora, Ele está no céu junto de Deus Todo-Poderoso e também aqui perto de nós. E foi Ele que realizou o que viram vossos olhos".

Semicerrou os olhos, voltou a cabeça para o alto e ficou como arrebatado em êxtase. Depois prosseguiu: "Obrigado, meu Senhor Jesus Cristo! Sei que me ouvirias e me ouvirás sempre. A ti toda honra e toda glória! Suplico-te ainda! Os que te invocarem em meu nome sejam libertados de todos os males e, em especial, dos males da garganta. Peço-te, meu Deus: com tua mão poderosa e o sinal de tua cruz desengasguem-se para te confessar único Deus verdadeiro e glorifiquem-te todas as gargantas impedidas pela descrença, pelo orgulho, pela vaidade ou pelo egoísmo. Que todos os seres te bendigam! Amém".

E, ainda com voz mais forte e convicta: "Sebastenos, meus conterrâneos, creiam em Jesus Cristo, a quem sirvo e adoro! Por quem estou preso e disposto a morrer em testemunho desta minha fé!"

Seguiram-se alguns instantes de silêncio. Pouco a pouco, foi se ouvindo como um cicio do marulhar de águas. Cresceu e reboou como um maremoto. Um vozerio descontrolado inundou, então, a pequena praça. Os gritos agora respiravam ódio, desdém, deboche, desprezo e ameaças:

"É magia. Este velho bruxo vive com os diabos. É com o poder deles que ele realiza esses truques para enganar. É ilusão produzida por um necromante que invoca espíritos dos mortos. Esta lepra é o chefe dos cristãos, esses facínoras, inimigos do gênero humano. São assassinos; não merecem viver. Morte aos cristãos! Eles desprezam as leis de nosso divino imperador Licínio, e o governo do nobre Agricolau, nosso prefeito! Blasfemam contra os deuses imortais. Introduzem costumes excêntricos e alheios aos nossos. Morte ao feiticeiro Brás, esta peçonha da Ásia! Por que ainda ficar ouvindo um malfeitor desses?! Que desapareça no mais profundo do Tártaro! Que Caronte o afogue nas águas empestadas do Estige!"

O escarcéu avolumava-se e o linchamento do prisioneiro anunciava-se. Surgiu, porém, inopinadamente o centurião Honoratus, correndo à frente de 100 homens, tilintando armas, brandindo relhos de cabo curto e correias longas e entrançadas. As ordens foram berradas: "Batam! Dispersem! Sem dó, nem piedade! Essa plebe maldita é arruaceira. Gentalha! Ralé!"

As relhadas zumbiam e estalavam nos rostos, nas cabeças, nos braços e nas costas do povilhéu que, feito um bando de pardais ao pousar um gavião no seu meio, escafedeu-se por onde pôde. Pragas, gritos, empurrões e tombos se seguiram em uma confusão dos diabos. Tudo aconteceu como em um pesadelo.

Assumindo o comando, o centurião gritou algumas ordens no que foi prontamente obedecido. Revistou o prisioneiro. Reamarrou suas mãos e ordenou: "Em frente!" Partiram em passo militar, quase arrastando o ancião que mal e mal os seguia, tropeçante nos próprios pés.

Em um canto da praça

Cessado o tumulto, três cidadãos se ocupavam em jogar conversa fora.

"E aí, Crisipo, que te parece? Tanto rebuliço por um nadinha de nada!"

"Discordo, meu caro Calpúrnio. Quase vimos um motim. E um linchamento por pouco não se deu."

"Isso prova que leis e posturas sociais nada podem diante das paixões açuladas do povilhéu", comentou Laertes.

"Tudo isso porque, meu amigo, os homens se comportam feito lobos uns com os outros. E esses orientais vivem de sonhos ou violências", emendou Calpúrnio.

"É o que eu digo: esquecem o momento em que vivem. Se soubessem como a vida é fugidia, desfrutariam melhor sua natureza, pois viver é fugir à dor e buscar o prazer", completou Laertes.

"Assim fala um discípulo de Diógenes", atalhou Crisipo. "Mas, confesso-lhes minha verdade: o ancião me pareceu simpático. É um desses homens que vive o que crê e crê no que vive. Um autêntico sábio. Repararam? Seu rosto luminoso espelhava uma paz imperturbável, uma harmonia que se adquire só na ascese e na prática da virtude. Quase diria que ele já vive a tão cobiçada 'ataraxia.'"[5]

"Mais devagar com as conclusões. Os cristãos têm muito de semelhante com as ideias defendidas pelos 'frequentadores da Porta'.[6] Mas, não me diga que te tornaste seguidor da cruz", chasqueou Calpúrnio. "É bom não esquecer que sobre o coroa paira uma acusação de lesa-pátria. Não fosse a intervenção do centurião, Honoratus, essa gentalha teria feito a 'múmia' em pedaços..."

"É como eu ia dizendo: o cheiro de sangue é como o fogo; uma vez aceso, propaga-se na forma de vingança, violência e mortes. Vejam também com quanta brutalidade os soldados reprimiram uma possível violência popular", zombou Laertes.

"Com o que tiveram à mão. Relho é mais manejável que diálogo, e persuasão exige paciência. Isso exigiria bom senso e maleabilidade política", ponderou Crisipo.

---

[5] Os estoicos definiam a ataraxia como: "Um estado de alma que se adquire no equilíbrio das escolhas dos prazeres tanto sensíveis quanto espirituais. Atinge-se, destarte, a felicidade ou a imperturbabilidade".

[6] Assim se denominavam os filósofos estoicos. A palavra vem de "Stôa" em grego, que em português significa "Porta". É que os tais filósofos tinham o costume de reunirem-se para suas discussões junto às portas da cidade onde viviam.

"O que mais falta ao prefeito Agricolau", assoprou Laertes.

"Cortar cabeças foi sempre mais fácil que governar pessoas com virtude e bom senso", rematou Crisipo.

"Eu me pergunto: por que tanta sanha em perseguir os cristãos?", indagou Calpúrnio.

"Ah! Não sabes? São inimigos da raça humana. Não obedecem aos divos imperadores. Praticam uma religião diferente e desprezam os deuses", zombou de novo Laertes.

"E isso é crime suficiente para se condenar alguém à morte, como estão fazendo com os cristãos?", perguntou novamente Calpúrnio.

"Penso ser apenas questão de convicção, de foro íntimo e escolha livre de uma pessoa. Nossas leis dizem que o cidadão é livre. Então, deixem-no escolher como quer crer e viver! Aos governantes cabe zelar pela ordem e o bem comum e não fiscalizar o que pensam ou prescrever o que devam pensar os cidadãos. É isso que eu chamo de a maneira correta de gerir a coisa pública", ponderou Crisipo.

"O que só raras vezes acontece", escarneceu Laertes.

"Volto a minha pergunta", insistiu Calpúrnio. "Por que perseguem os cristãos?"

"Ora essa! Porque escolheram viver diferente", respondeu Laertes.

"Como?"

"Ora bolas! Ouvimos o velhote proclamar bem alto! Desprezam o culto dos deuses do império e da cultura da gloriosa Roma. Isso mexe com os interesses, as vaidades e o orgulho de muita gente poderosa. Dizem por aí que praticam coisas estranhas e até macabras em seus cultos.

Comem seu Deus em forma de pão e bebem seu sangue na forma de vinho. Rezam de modo diferente. Cantam louvores a seu Cristo. Não oferecem hecatombes de animais a seu Deus, como todo o resto do mundo faz para os deuses. Dão um banho, a que chamam de batismo, nos principiantes..."

"Ora, discípulo de Diógenes,[7] você diz isso porque viu ou apenas ressoa o que outros lhe contaram?", interrompeu-o Crisipo, meio chateado com o rumo que a conversa do amigo ia tomando.

"Vejam só, o cristão disfarçado", zombou Laertes.

"Não sou cristão", defendeu-se Crisipo enfadado.

E reinou certo silêncio em que cada um parecia recordar uma cena do acontecido na praça, até que Laertes rompeu a meditação.

"Menino de sorte foi este aí! Por um tiquinho à toa, teria morrido engasgado."

"Mas o que aconteceu mesmo? O que fez o velho? Como libertou o garoto do osso do peixe?", perguntou Calpúrnio.

"O povo já disse: por artes mágicas... poderes dos espíritos... sei lá...", disse sorrindo Laertes.

"Mas Brás é médico, inteligente e muito estudioso. Perseguir os cristãos acarreta lucro aos cofres públicos com o sequestro dos bens de muitos deles, como estão fazendo", ponderou Crisipo.

"Compensa?", perguntou Calpúrnio.

---

[7] A escola filosófica "cínica" com Antístenes, Diógenes e outros, ensinava e propunha como ideal humano uma volta à natureza em oposição aos valores, aos usos e às regras sociais vigentes em cada geração humana. Mais tarde, o filósofo francês Jean Jacques Rousseau propôs quase o mesmo de uma outra maneira.

"Ora! Se há cristãos ricos. E estão por toda banda, até no palácio dos Césares." Respondeu Laertes. E mudando de tom: "Menino sortudo este garoto que se livrou do osso de peixe, graças às mandingas do vovô. Por mais um tiquinho só, iria encontrar-se com Caronte".[8]

"Pergunto", questionou Calpúrnio: "O que o velho fez? Vocês viram? O que aconteceu de fato?"

"Bruxaria, magia, poder extrassensorial, forças ocultas de um mundo paralelo...", ia explicando Laertes, mas Crisipo cortou.

"Não sei explicar, mas admito que houve algo maravilhoso. Não é todo dia que vemos coisas assim..."

"Pois, sim...", ia zombando Laertes, mas Crisipo atalhou: "Tantas maravilhas nos rodeiam. Uma vida humana é curta demais para admirá-las. E a nossa inteligência é bastante limitada para entender a grandeza do Universo. Sempre descobrimos e admiramos novos fenômenos".

"Assim fala um adepto da 'Porta'. Mas, eu estou curioso é de ver como irá se portar um alto funcionário imperial, o prefeito Agricolau, julgando um sábio como Brás", disse Calpúrnio.

"Sábio autêntico, como um grego; e imperturbável como um oriental", sentenciou Crisipo.

"É só estar no Pretório, amanhã cedo", sugeriu Laertes.

"Então até lá!"

E se despediram.

---
[8] Na mitologia greco-romana, era o barqueiro que transportava os mortos às mansões infernais.

NA MASMORRA

"O diabo vai lançar alguns de vós na prisão."
(Ap 2,10)

Espelunca é a palavra certa para descrever a masmorra, pois, para construí-la, simplesmente, aproveitaram uma gruta natural e fecharam com grades de ferro; sem conforto algum para a vida; o pior lugar para alguém morrer.

Brás foi ali trancafiado. A tarde morria, e as sombras, perlongando-se para o Ocidente, pareciam encompridar coisas e pessoas. Assentado em uma pedra e apoiando as costas na parede da gruta, o velho bispo de olhos semicerrados vagueou por seu passado.

Reviveu sua meninice. De família abastada, pôde estudar. Era um privilégio. Viu-se acompanhado pelo escravo-pedagogo, indo à casa dos mestres para as lições, como era costume. Depois, já mocinho de toga juvenil, perambulava por toda Sebaste, ora pelas academias de ginástica; ora frequentando tertúlias filosófico-científicas, abarrotando-se de conhecimento e informações.

Com afinco, entregou-se ao estudo da filosofia, o grande chamariz da juventude de então. Em pouco as ciências naturais o fascinaram, e disso para a medicina foi só um passo.

A arte de Hipócrates o empolgou: seria médico. Na medicina, descobriu um mundo bem diferente daquele em que se moveu até então. Eram corpos enfraquecidos, bocas tartamudeantes e olhares ansiosos e suplicantes por viver. Reviu suas andanças pelos arredores de Nicópolis e Sebaste. As receitas que passava; os cuidados que recomendava aos enfermos; as palavras com que incutia esperança nos desanimados.

A filosofia e a medicina abriram-lhe a mente para um universo antes inimaginado: o sentido da vida, o valor das ações e a transitoriedade do humano... Que, então, significavam: vitória e derrota; saber e ignorância; vida e morte?

A essa altura da vida conheceu os cristãos. Observou-lhes as atitudes. Admirou-lhes a resistência corajosa diante das perseguições que lhes impunham os imperadores Diocleciano[1] e Galério.[2] Perdiam bens e a vida, mas jamais renegavam seu Cristo. Sentiu-se atraído por esse "caminho". Pediu o batismo. Depois de ser instruído nas verdades cristãs básicas, foi batizado. Que experiência intraduzível em palavras ou sentimentos!

---

[1] Caio Valério Diócles Diocleciano foi imperador romano, mais ou menos, de 284 a 305 da era cristã. Para resistir à invasão dos "Bárbaros" (outros povos), dividiu o Império Romano em: Oriental e Ocidental. De 285 a 293 associou Maximiliano ao poder, confiando-lhe o Ocidente com capital em Milão, ficando ele com o Oriente com sede em Nicomédia. Assumiram o nome de "Augusto", em grego "Sebastós". De 293 a 305 criou a "Tetrarquia", nomeando mais dois "Césares", presumíveis seus sucessores no posto de imperador. Fez ainda novas divisões administrativas e militares em todo o Império: 4 "prefeituras", subdivididas em 13 "dioceses" e estas em 116 "províncias". Embora com conteúdo conceitual diferente, essa nomenclatura ainda é usada. Em 305 abdicou e obrigou Maximiliano a fazer o mesmo. Com isso saiu da história deixando em seu nome a pecha de um dos piores tiranos perseguidores dos cristãos no Império romano (Fonte: Enciclopédia Delta Larousse).

[2] Caius Galerius Valerius Maximilianus nasceu na Ilíria. De origem humilde. Tornou-se genro de Diocleciano que o fez "César" no ano de 293, e em 305 o fez "Augusto" para todo o Oriente e Itália. Executou grandes trabalhos para conter as enchentes do Rio Danúbio. Desencadeou uma perseguição cruel aos cristãos orientais entre os anos 303 e 304. Pouco antes de morrer assinou o "Edito de Milão" de tolerância quanto aos cristãos. (Fonte: Dicionário Enciclopédia Larousse).

Agora, como médico cristão, continuou fazendo, com outro Espírito, o que já fazia antes: prestar ajuda às pessoas que precisassem... Progrediu tanto que logo se tornou amigo de todos: o prestativo doutor Brás!

Ora, faleceu o bispo de Sebaste, e a comunidade cristã o escolheu, por unanimidade, para ser seu novo Guia. Esse era o costume da época.

E não se enganaram os cristãos sebastenos. Era agora o "médico de suas almas". Desvelou-se no cuidado do pequeno rebanho. Aplicou-se a instruir seu povo com exemplo e palavras. Em breve, tornou-se pai, modelo e mestre seguro daquela comunidade cristã.

Com o Edito de Milão, cerca do ano 313, aconteceu ligeira pausa na perseguição aos cristãos no Oriente. Voltou, porém, com redobrada crueldade com a apostasia do imperador Licínio.[3] Recrudesceram as medidas coercitivas aos cristãos orientais.

E, lá pelo ano 315, Agricolau veio residir em Sebaste com a incumbência de exterminar o nome cristão da Província da Armênia Menor.

Lembrado do conselho de Nosso Senhor: "Fujam para os montes!", e "empurrado" pelos cristãos, o velho bispo encontrou refúgio em uma gruta dentro da floresta que cobria o monte Argeu.

---

[3] Valerius Licinus Licinianus, imperador romano no Oriente, nasceu pelo ano de 250 da era cristã na Ilíria. Em 307 foi associado no poder a Galério no Oriente, como "César". Com a morte de Galério tornou-se "Augusto". Na conferência de Milão entre Constantino, Galério e ele, em 313, entendeu-se bem com Constantino (*imperador do Ocidente*) para terminar toda perseguição aos cristãos. Dizem alguns historiadores que até se tornou cristão. Certo é que esposou Flávia Júlia Constância, irmã de Constantino. Teria renegado sua fé cristã e, a seguir, repudiou Flávia. Teve de enfrentar Constantino que ambicionava todo o poder. Foi derrotado por ele que mandou executá-lo pelo ano 324 ou 325. Constantino, que, desde 311, já era reconhecido como o imperador do Ocidente, reuniu todo o Império romano sob seu comando (*Fonte: Enciclopédia Delta Larousse*).

Ali, experimentou aquela volta ao Éden prognosticada pelo profeta Isaías. Com doçura e carinho, fez amizade com os animais ferozes da mata a ponto de virem cada manhã à porta da gruta para receber-lhe a bênção e o afago amigo. Tigres imponentes, leões jubados, ursos fortes e lobos astutos, abandonando sua natural fereza, vinham pedir-lhe a cura das consequências de suas quizumbas pela mataria.[4]

Ah! E o episódio com o lobo, o porco e a velhinha de Nicópolis! O velho bispo sorriu, descerrou os olhos cansados e, como se enxergasse ao longe, viu-se nos arredores de Nicópolis.

"Vamos nós lá com ele!"

O doutor Brás levava vida e alento àqueles com a saúde frágil, nos arredores de Nicópolis. Ali, em uma verdadeira favela, vivia uma senhora viúva, cuja riqueza consistia em um rechonchudo leitão.

Certo dia, um lobo esfomeado, como todo lobo que se preza, roubou-lhe o animal e o arrastou para sua toca, pretendendo tirar a barriga da miséria durante alguns dias. A dona do leitão ficou desolada, contrariada, queixosa...

Aconteceu passar por ali o doutor Brás, que, ouvindo os queixumes, ficou condoído da pobre velhinha e a consolou: "Não se aborreça tanto, minha senhora! Tudo que nos acontece tem um sentido e finalidade. O animal lhe será restituí-

---

[4] Esta volta à harmonia que reinou no Éden encontrou eco na utopia preconizada pelo profeta Isaías para os tempos messiânicos (Is 11,6-9). Simbolizava a vida em plenitude ou a perfeita sintonia das vontades das pessoas com a Vontade de Deus. Haveria o ajuste perfeito das diferenças pessoais, dos dons e das vontades. Isso em uma vida sem fim significaria o céu.
Você diz: "Mas isso é lenda!"
Respondo: "Lenda significa uma maneira de entender e que "deve ser lida" de um modo diferente. É uma exposição dramatizada, para falar à imaginação popular, de uma verdade metafísica ou de difícil compreensão. Colocando na vida de seus heróis, os santos, essas utopias, o povo quer exprimir que eles já viviam em uma realidade totalmente renovada: o Paraíso.

do, agora mesmo, se tiver bastante fé. Jesus prometeu atender nossos rogos humildes e confiantes: 'Pedi e recebereis, disse Ele, pois aquele que pede recebe; quem procura acha; e a quem bate a porta será aberta'".[5] Isso dizendo, recolheu-se em fervorosa prece. E foi só terminá-la que o lobo reapareceu trazendo de volta sua presa viva e ilesa. Ele a depôs aos pés da dona. E, como aparecera, sumiu-se no mataréu donde viera...

"Alto! Parem aí!" Era o brado estrondeante do guarda que, saindo da guarita com a lança em gesto de arremesso, ameaçava.

Uns poucos passos adiante, no semiescuro do lusco-fusco, podiam-se divisar duas silhuetas de mulheres. Uma carregava uma cesta sobre a cabeça, e a outra trazia um bornal a tiracolo e, com uma lanterna na mão direita, aclarava o caminho.

À intimação do guarda pararam. A que parecia mais idosa deu um passo à frente e, com calma respeitosa e voz firme, pediu: "Senhor, permita-nos levar um pouco de alimento ao prisioneiro!"

"Vão-se embora, avozinhas! Isso não é hora de mulheres perambularem aí pelas ruas. De dar de comida aos prisioneiros cuida o prefeito!", exclamou novamente a voz irritada do guarda.

Inconscientemente, com pequenos passos, foram aproximando-se do guarda até a altura da fala normal.

"Sei, meu senhor. Mas o que estou fazendo é uma paga de gratidão. Recebi desse prisioneiro uma amostra de bondosa solidariedade. E venho trazer-lhe meu agradecimento em forma de alimento."

---

[5] Lc 11,9-13. A oração perseverante e confiante testemunha a fé e o amor de quem reza.

"As leis do Império o proíbem! E lei é para ser obedecida", rugiu ainda o guarda mal-humorado.

"Sei disso, meu bom senhor. Sou uma viúva pobre. Meu desejo é somente partilhar meu sustento com meu benfeitor. Permita-me isso, senhor! As boas leis ajudam a nos tornarmos mais humanos com nossos semelhantes..."

A essa altura o guarda já estava "colado" na cesta que a outra senhora sustentava no braço.

"Hum!... Que cheirinho gostoso! Em troca disso até eu trocaria de lugar com o preso neste momento. É de dar água na boca!"

Afastou um pouquinho o pano que encobria o conteúdo do cesto e exclamou: "Que gostosuras levam aí, tiazinhas? Dão-me um pedacinho!"

"Carne assada", respondeu a outra. "Pães, que eu fiz, água, um pouquinho de vinho, algumas frutas de minha horta e duas velas para iluminar a ceia de meu benfeitor. Significa um pouco do que tenho para reerguer o pobre ancião exausto e com fome, pois certamente não comeu nem bebeu desde ontem... Se me deixares falar com ele e servir-lhe estes alimentos, dar-te-ei um pão e um pedaço desta carne assada que tanto aguça teu apetite."

O guarda matutou por uns instantes e, por fim, explodiu bonachão: "Aos infernos leis imperiais, divos imperadores, prefeitos e disciplina militar! Eu aqui estou é morrendo de fome, e eles nos palácios comendo e bebendo como habitantes do Olimpo ou nas planuras dos Campos Elísios!..."[6] Aceito o trato,

---

[6] Na mitologia greco-romana, designavam as planícies da mansão imaginada para onde iriam, após a morte, as almas dos heróis e grandes homens. Os gregos os colocavam nas que chamavam

tia!" E estendendo-lhe as mãos: "Dá-me o prometido e conversa com o prisioneiro quanto queiram".

Ela passou-lhe um pão, um grande naco de carne e uma caneca em que despejou vinho. O guarda jogou a lança para um lado e pegou tudo com mãos esfaimadas. Caminhando para sua guarita, já de boca cheia e mastigando, regougou: "Podem passar. Fiquem o tempo que quiserem".

O leitor já pode ter percebido que se trata da viúva a quem Brás restituíra o leitão que o lobo roubara. Com a companheira, aproximou-se da grade e chamou-o com voz doce: "Brás, doutor Brás, bispo dos cristãos, homem de Deus! Sou eu, aquela mulher para quem trouxeste de volta o leitão que um lobo mau roubou. Soube de sua detenção. Então mandei abater o leitão. Já estava um barrão erado. Preparei tudo e vim trazer-lhe esta refeição simples que eu mesma preparei. Sei que nada lhe darão nestes dias. Sei também que precisa de forças, para o testemunho de sua fé".

Brás ergueu-se e aproximou-se da grade. A viúva já acendera as velas e foi dispondo como pôde os alimentos, enquanto disse solícita: "Aceite, meu senhor, o que lhe trago, não recuse, por favor! Sou pobre e foi só o que pude fazer. É um ombro amigo e agradecido que lhe ofereço nesta tropeçante caminhada".

O velho bispo avaliou o alcance do que lhe estava acontecendo. Com a rapidez do relâmpago, seu pensamento voou até Babilônia e viu o profeta Habacuc que chegou, trazido pelos cabelos por um anjo, e ofereceu a Daniel na Cova dos Leões o sustento que Deus lhe preparou. Relembrou um pouco mais e viu Elias aos

---

de "Ilhas Afortunadas", às quais os romanos depois deram o nome de "Canariae Fortunatae", ou seja, "Canárias Felizes".

cuidados da viúva de Sarepta a quem Deus o confiara.⁷ E percebeu todo o significado daquele gesto: era a misericórdia de Deus que assim se manifestava. E expandiu sua alma em gratidão: "Pensaste em tua pobre criatura, ó meu Deus! Ó amor sem medidas, ó bondade sem limite! Obrigado, Senhor. Gratidões mil a ti, Deus rico em poder e mais ainda em amor! De tudo cuidas e a todos providencias em suas precisões. Enviaste-me esta viúva para socorrer-me. Imploro-te: nunca lhe faltem o alimento e os vestidos bem como a todos os seus! Jesus, meu Senhor, louvaste a viúva pobre que doou tudo o que tinha simbolizado nas duas pequenas moedas. Contigo e por tua voz louvo esta viúva aqui presente em seu gesto de fé e gratidão. Compreendo, Senhor: é para eu não desfalecer antes do meu último testemunho. Obrigado, meu Deus, que tudo dispões para a maior glória da Santa e Bendita Trindade! Amém".

E, dirigindo-se às senhoras: "Aceito e agradeço o que me oferecem. Sois o instrumento de Deus. Acompanhem-me, porém, minhas filhas, nesta última Ceia de minha vida!"

E Brás fez ali, nas grades da prisão, uma celebração da Eucaristia. Deram graças a Deus, rezaram e comeram o pão, transformado no Corpo de Jesus, e beberam o vinho, mudado em seu Sangue. Depois, em um ágape fraterno, alegram-se e entoaram louvores a Cristo. Abraçaram-se fraternalmente, consolaram-se mutuamente e prometeram firmeza na fé.

Tomando a palavra, o velho bispo contou-lhes: "Conheço este local. Já estive aqui antes. Foi na perseguição aos cristãos

---

⁷ Dn 6,17-25. "Daniel na Cova dos Leões" significa que Deus não desampara seus fiéis. Também em 1 Rs 17,7-16 "O Milagre da Farinha e do Óleo" ensina que Deus providencia tudo de que carecem seus servos.

decretada pelo imperador Diocleciano. Vim trazer os últimos consolos a nosso irmão Eustrácio que, no dia seguinte, selou com sangue sua fé em Cristo.

Dei uma boa gorjeta ao guarda e me foi permitido entrar nesta cela. Como acabamos de fazer, celebramos a Eucaristia, comungamos em nossa fé e ficamos até o alvorecer do dia animando-nos e consolando-nos na previsão do que estava para suceder. Ele confiou-me seu testamento: coisas simples que lhe prometi realizar. Revelou-me onde estavam guardadas as relíquias de Oreste, outro irmão nosso que testemunhou sua fé. De madrugada, despedimo-nos até nosso encontro com Cristo. Não sabia que tão logo eu ocuparia o lugar dele atrás desta grade e vocês, os dois anjos mandados por Deus, para me consolar".

"Tudo tem significação, meu pai", disse a viúva, "e o que acontece não é inútil. Assim o senhor nos ensinou..."

"Senhoras!", era o guarda se aproximando. "Fim de papo! Têm de sair agora mesmo. Da caserna o corneteiro acaba de anunciar o início da 3ª vigília. É a mudança de guarda que estará aqui a qualquer instante. Apressem-se, pois!" E o guarda apagou uma das velas.

"Oh! Deixa-nas acesas alumiando a noite do meu querido pai", pediu a viúva humildemente.

"Nem pensar! Comprometer-me-iam. Ao preso o escuro e a solidão. Vamos! Saiam logo!" E apagou a outra vela.

Brás disse: "Levem estas velas, minhas filhas! E, quando quiserem lembrar-se de mim, acendam-nas para rezar e eu estarei presente levando a Deus seus pedidos e precisões".[8]

---

[8] É tradição que a bênção com as duas velas (*acesas antigamente*), colocadas sob a garganta dos fiéis, seja em lembrança deste episódio da mulher viúva que levou as velas para alumiar a ceia de

"Vamos! Vamos!" E o guarda empurrou-as afastando as senhoras da grade. "E bico fechado, tias! Se me atraiçoarem eu as denunciarei como cristãs ao prefeito. Ouvi toda a conversa que tiveram. Depressa! Vamos! Vamos!"

Em uma taberna de Sebaste

Rebuliço, eis a palavra definidora do ambiente tabernal ali naquela noite.

Sobre uma geringonça com apelido de palco, uma trupe de comediantes e prestidigitadores se esbaldou para entreter chusma tão desarranjada. Produziram sons, armaram truques, disseram piadas, cantaram, representaram cenas mitológicas, como a de Orfeu adormecendo o Cérbero nos Infernos[9], e dançaram lembrando os gansos heroicos que salvaram Roma.[10] Mas ninguém lhes prestou atenção. Todos ensimesmados e cada um anelante por folgar o máximo. Afinal, aqueles ali eram saltimbancos e escravos e quem iria se importar com tal gente?

São Brás na prisão. Também na colegiada de Vicq, diocese de Metz, celebra-se uma missa a cada ano, no primeiro domingo de fevereiro. Após a missa, é benta uma grande quantidade de pães, chamada "pães de São Brás", e distribuída aos fiéis. Diz a tradição que é também em lembrança dos pães que aquela viúva levou para a ceia de São Brás. As Atas colocam na boca de São Brás esta promessa: "Oferecei todos os anos uma vela na igreja em memória de mim e sereis recompensadas e todos os que imitarem vosso exemplo".

[9] Na mitologia grega era o nome do cão tricéfalo, vigia da porta dos infernos ou lugares subterrâneos para onde iam as almas dos mortos. Dividido em dois: Tártaro, onde eram castigados os criminosos; e Elísios, onde viveriam os heróis e virtuosos. Segundo o mito, Orfeu teria adormecido Cérbero com o som mavioso de sua flauta e, assim, podido retirar Prosérpina, raptada por Plutão, rei dos infernos, e restituí-la à Cerere, sua mãe inconsolável.

[10] Esta historieta é contada por Cornélio Nepos em sua obra: "De Viris Ilustribus". Os guardas e os cães teriam pegado no sono, mas os gansos, alertados pelos movimentos de inimigos na iminência de atacar a cidade, teriam acordado os cidadãos com seus grasnidos. Assim Roma foi salva; e, no cortejo da vitória do dia seguinte, enquanto os gansos eram carregados em liteiras e aclamados pelo povo romano, os cães foram enforcados.

Pelo grande salão rolavam jogatina e apostas, petiscos e vinho. Este, sim, esperado por todos, que jorrava de vasos bojudos, manejados por moças escravas, que ziguezagueavam em todas as direções. Entornavam o sangue da uva nos púcaros, que mãos afoitas lhes estendiam. Em um átimo, este escorregava goelas abaixo dos insaciáveis seguidores de Baco.[11] Já alguns mais borrachos jaziam caídos por ali. Outros corriam aos "reservados" a fazer cócegas na garganta com uma pena de pato. Provocavam assim o vômito e abriam espaço para mais comilança e beberronia.[12] Esse frenesi irracional retratava uma sociedade degradada como esta do "apagar das luzes" do velho Império romano.

Esqueçamo-nos, entretanto, esses escravos do paladar, pois cada povo com suas usanças e as culturas passaram e se afundaram no esquecimento da história. Achegamo-nos a uma mesa ocupada por soldados, patrícios e nossos já conhecidos filosofantes!

Núbio, um africano grandalhão, contou: "Chegou ordem do Palácio para capturarmos a maior quantidade de feras que fosse possível".

"Para espetáculo no Circo?", quis saber Calpúrnio.

"Parece que sim", ia respondendo Núbio, enquanto Laertes emendou zombeteiro: "Todo governante acha que pão e diversão bastam ao povo".

---

[11] Deus mitológico, tido como o inventor do vinho. Entre os gregos, chamava-se Dionísios. Em sua honra, celebravam-se as "bacanais". De início eram festas agrícolas pela colheita das uvas, mas, depois, tornaram-se sinônimo de orgia e devassidão.

[12] Já existia, talvez, em uma forma mais rústica, o que hoje chamamos de "banheiro" e "sanitário" públicos. Prova disso é uma pedra encontrada nas escavações em Roma com a inscrição grafitada: "q.b.c.b.v" e que os estudiosos recompuseram como: "quis bene cacat bene valet", ou seja: "quem defeca bem boa saúde tem". "Sabedoria" de grafiteiro!

"Continue Núbio", pediu Calpúrnio.

"Aprestamo-nos em cumprir o mando. Batemos a mataria em torno por léguas e léguas, vales e quebradas e não topamos um lobinho sequer. Já desesperados, tentamos uma varredura no monte Argeu perto daqui. E, pasmem senhores! Parece que toda a bicharada do mundo marcou reunião na vertente leste do Argeu. Outra maravilha é que nem nos atacavam nem fugiam de nós. Parecia ter voltado a 'idade de ouro' na terra. Prendemos quantos animais quisemos. Mas, assombroso mesmo foi descobrirmos em uma caverna no meio de animais ferozes um velho totalmente desprotegido, que parecia estar em oração..."

"Imaginação, lenda...", sorriu Laertes.

Núbio reagiu sério: "Sou gladiador não é de hoje. Nasci os dentes no ofício, como se diz. Mas nunca vi coisa igual! Fiquei abobado e meus companheiros também. Saímos dali sem muito saber o que fazíamos. No Palácio contamos o sucedido a Drusus, intendente do prefeito".

"E zombou de vocês?", perguntou Calpúrnio.

"Não", foi Trácio quem respondeu. "O prefeito ficou contentíssimo, mas logo, logo, virou bicho brabo. Xingou-nos de tudo quanto é nome e ameaçou-nos com a chibata. Tudo porque não lhe trouxemos o tal velho como Núbio estava contando. Mas, quem iria adivinhar que este indivíduo interessasse tanto a Sua Excelência?"

"E então?", perguntou Calpúrnio.

"Feito lobo assanhado por abocar uma presa tanto buscada", explicou Rubião, outro gladiador, "ordenou ali mesmo que um pelotão de soldados fosse sem demora capturá-lo."

"Ele logo farejou tratar-se de Brás, o chefe dos cristãos sebastenos e que sabia estar escondido em algum canto. Tinha ordens terminantes do imperador Licínio de prendê-lo e, caso não renegasse sua fé cristã, condená-lo à morte", explicou calmamente Crisipo.

"Tudo se encaixa", ia dizendo Laertes, mas o decurião Quirino interrompeu-o, dizendo: "O centurião Honoratus entregou essa tarefa à minha decúria. Acresci meu contingente com alguns caçadores que nos levariam ao sítio e parti incontinente para não aguçar mais as iras do prefeito. Lá chegando constatei o que os caçadores contaram. Então, gritei do lado de fora da gruta ao indivíduo rodeado de animais ferozes: 'Oh! Tu quem quer que sejas, venha cá para fora. O prefeito quer encontrar-se contigo'. Uns instantes depois, chega o tal indivíduo. Um doce velhinho que nos saúda calma e tranquilamente, mais ou menos assim: 'Bem-vindos, senhores! Já os esperava. Meu senhor Jesus Cristo, nesta noite que passou, avisou-me de que viríeis'. Ele me disse: 'Brás, levanta-te e ofereça-me os santos mistérios pela vez derradeira, pois chegou o momento de me testemunhares. Apresta-te para o combate; nada receies! Eu estarei contigo e obterás a palma da vitória!...'"

"As ordens eram que o amarrasse bem e lhe colocasse peias nos tornozelos por ser homem perigoso. Porém, sem qualquer reação, ele apresentou os pulsos e os pés para serem imobilizados. Confuso e chateado, amarrei-lhe uma corda na cintura, como me fora ordenado. Confiei-a a um soldado que lhe ia adiante simbolizando sua prisão. Em tudo ele se mostrou 'dono da situação'. Um ancião afável que ia respondendo com um meio sorriso aos empuxões e empurrões bruscos dos soldados. Nunca me aconteceu uma prisão em clima tão de calma e tranquilidade como esta. Envergonhado dei a ordem de avançar, o que significou tropeços e quedas para o pobre velho..."

"Nenhum encantamento, magia ou feitiço?", quis saber Calpúrnio.

E o decurião: "O bom do velho nem parecia ser o prisioneiro, dava antes a impressão de estar indo para uma festa".

"Hora de fechar!", gritou o patrão da tasca. Ouvia-se o som prolongado da trombeta vindo da caserna ali perto e anunciando a troca de vigias.

As mesas foram se esvaziando. Escravos, amparando seus senhores bêbados, conduzia-os às liteiras colocadas diante da porta. Os três amigos também se ergueram.

"As pedrinhas do mosaico vão se ajustando", disse Crisipo.

"Que dizes?", indagou Calpúrnio.

"É toda uma trama bem urdida: perseguem e matam os cristãos por razões político-ideológicas, mas não desdenham sequestrar os bens dos cristãos para financiar o Império."

"Os cristãos desobedecem às leis imperiais e não são criminosos por isso?", escarneceu Laertes.

"Quando você se enamora de uma ideia", respondeu Crisipo, "achará cinco outras para apoiá-la".

"E cuide de, ao chegar a casa, não levar uma tunda de 'pau-de-angu'", emendou Calpúrnio, sorrindo.

"Pois, sim..."

3

NO PRETÓRIO
DIANTE DE ARQUELAU

"No momento certo vos será inspirado o que deveis falar."
(Mt 10,19)

Estamos defronte a um palácio de estrutura romano-oriental. Uma larga escadaria de mármore leva, da praça lajeada onde estamos ao peristilo, uma espécie de varanda sustentada por magnífica colunata. Na base de cada coluna uma peanha sustenta o busto de uma divindade da religião greco-romana. O destaque é para o do imperador Licínio, tido como um deus vivo.

O julgamento de Brás, chefe dos cristãos, propalado atraiu muitos curiosos, sem contar a presença da claque contratada para aplaudir e apoiar as decisões da autoridade. Cada chegante unia as pontas dos dedos polegar, indicador e médio da mão direita, levava-os aos lábios e jogava um beijinho na direção dos ídolos.[1]

---
[1] Este gesto dos devotos da religião politeísta greco-romana é atestado por Marcos Minúcio Felix em "Octavius", obra apologética em favor do Cristianismo, no final do 2º e início do 3º séculos da era cristã. O antigo juiz romano afirma nesta obra que se tratava de uma prática supersticiosa popular "ut vulgus superstitiosus solet" (*como é costume do populacho supersticioso*).

Frágilis, pequena escrava caucasiana, em traje de vestal, perambulava pelo átrio, atirando punhados de incenso nos braseiros que ardiam diante dos simulacros.

No átrio, destacava-se a cadeira curul destinada ao prefeito-juiz, toda de mármore artisticamente trabalhado. Três degraus, um escabelo e almofadas vermelhas. No espaldar, gravada em bronze, via-se a efígie de uma águia de asas abertas, símbolo do Império romano abarcando o mundo todo. Uma cadeira de madeira foi colocada abaixo e fora do supedâneo, assinalando que haveria presença de um assistente ilustre.

Um toque prolongado de trombeta impôs silêncio ao barulhento auditório. Um arauto proclamou: "Sua grandeza, o senhor prefeito Agricolau, e o nobre tribuno Lysias!" Um escravo descerrou uma cortina ao fundo e entraram os dois conversando. Ao vê-los, Frágilis apressou-se em encher duas taças de vinho que despejou de um canjirão de cristal, postado em uma mesinha ao lado, e lhes ofereceu com as devidas mesuras.

Agricolau vestiu-se com requinte: sandálias, túnica e manto. Uma adaga em uma bainha vistosa pendia-lhe do cinto. Faísca de joias, anéis, brincos e correntinhas de elos de ouro por toda parte. Lysias trajou-se consoante seu grau de comandante de Legião. Sob o braço esquerdo, sustentou o capacete emplumado. Entregou-o à Frágilis que, ao recebê-lo, dobrou o joelho direito diante dele e, logo após, apresentou-lhes com donaire as taças de vinho.

Empunhando-as, os dois sorriram. Agricolau derramou umas gotinhas de vinho sobre o busto de Licínio e brindou: "Aos deuses imortais e a Licínio, querido dos deuses, glória e poder para sempre!" Lysias, derramando gotículas de vinho sobre o

São Brás - Bispo e Mártir 39

ídolo de Marte, disse: "Ao nosso divo antepassado que nos ensinou a guerrear e nos conduziu às vitórias e aos triunfos!" Beberam de uma talagada e arregalaram os olhos deu prazer. Disse Agricolau: "Nunca bebeste um néctar destes!" Lysias respondeu estalando os lábios: "É uma ambrosia dos deuses!" Frágilis acorreu para reencher-lhes as taças. Agricolau afastou a sua e disse escusando-se: "A mim, não! Sirva ao nobre tribuno! Preciso de todo o bom senso e sagacidade, e o vinho pode me atrapalhar. Tenho um caso incomum a julgar: um réu sábio e inteligente". Deu uns passos pelo átrio, enquanto o tribuno engoliu sua segunda taça, e, escoltado por Frágilis, foi se assentar na cadeira ao lado.

Ao voltar-se, Frágilis se desequilibrou e caiu arrastando consigo o busto de Licínio, bandeja, taças e canjirão de vinho, em um estardalhaço dos diabos, quebrando tudo. Os cacos voaram pelo átrio afora.

"Desastrada! Que fizeste!", explodiu Agricolau. "Pagarás com a vida este teu sacrilégio!" Pegou um caco com um pedaço da face de Licínio e o beijou. Frágilis, chorando, caiu de joelhos diante dele, beijou-lhe as sandálias e abraçou-lhe os tornozelos. Um escravo acorreu com um chicote e, ao aceno de Agricolau, surrou as costas da pobre escrava.

Lysias ergueu-se, segurou-lhe o braço e disse entre sério e brincalhão: "Pare com isso, javali do Erimanto![2] Controle-se, canibal!"

---

[2] Erimanto era o nome de um rio na região da Acádia na Grécia antiga. Com suas inundações punha a perder as plantações localizadas em suas margens. Era como se fosse um javali faminto que devorasse e estragasse os trigais e outras culturas de suas margens. A luta corajosa dos moradores ribeirinhos do rio foi, na imaginação popular e depois celebrada por poetas, como um dos 12 trabalhos do lendário Hércules contra um monstruoso javali.

Estendeu a mão a Frágilis, erguendo-a, e lhe disse: "Levanta-te! A mais bela das ninfas, minha Deiopeia!"[3] Agricolau reagiu também brincalhão: "Ora, veja só! Um romano da velha cepa, defensor de escravos! Era o que faltava!" "Escrava, mas gente. Deixa-a explicar a queda! Foi involuntária!" "Impossível! Ela não fala mais. Mandei tirar-lhe a metade da língua." "Brutamontes!" "Escravo é posse. O dono pode dispor dele a seu talante.[4] Assim aprendi, assim procedo e tenho evitado muitos mexericos e bisbilhotices vezeiros em um gineceu. Mas, se ela te agrada, podes levá-la, é tua. E, se quiseres outras mais, mando-te meia dúzia, hoje mesmo."

Ouviram-se tropel de gente entrando no pátio, toque agudo de trombeta, xingamentos, pragas, gritos: "lugar, abram alas, deem passagem!" As atenções se voltaram para donde parte a barafunda.

Um magote de soldados, escoltando um prisioneiro, adentrou o recinto. Um instante de suspense.

---

[3] Contava a lenda que a deusa Juno tinha em seu séquito 14 donzelas denominadas Ninfas. Dessas, a mais formosa chamava-se Deiopeia que a deusa prometera a Éolo, senhor dos ventos e furacões, como prêmio se desencadeasse uma tormenta que imergisse os navios de Enéias já próximos aos litorais da Itália, conta o poeta Virgílio em sua obra "Eneida".

[4] Naqueles tempos e ambientes os escravos eram tidos como 'coisa' (em latim "res"), totalmente ao dispor do dono que deles fazia o que bem lhes parecesse. Ilustrativo disso é a descrição da "lamentação dos mercadores por causa da ruína de Babilônia", descrita no livro do Apocalipse (18, 12-14), em valoração decrescente: "carregamentos de ouro e prata, pedras preciosas e pérola, linho e púrpura, seda e escarlate, madeiras perfumadas de todo tipo, objetos de marfim e de madeira preciosa, de cobre, de ferro e de mármore, cravo, especiarias, perfumes, mirra e incenso, vinho e óleo, flor de farinha e trigo, bois e ovelhas, cavalos e carros, escravos e vidas humanas". Pois é, "escravos e vidas humanas" eram os últimos valores naquelas culturas!

Agricolau, esfregando as mãos, disse todo contente: "Os deuses me protegem, comandante! Está chegando a este tribunal nosso pior inimigo neste miserável encrave semibárbaro. É Brás, o demagogo contador de estórias, chefe dos cristãos por aqui. É homem perigoso porque arguto e sagaz. É médico, tem fama de intelectual e, pelo que se ouve, é muito instruído. O imperador me incumbiu de extirpar até o nome cristão desta Província. E começo pelo chefe deles..."

Lysias atalhando-o: "Então, corte-lhe logo a cabeça se não queres passar por um truão ridículo diante deste teu poviléu. Pois, será mais fácil chegar um jumento a moirão que dobrar um chefe cristão".

Agricolau sorrindo e seguro de si: "Pois, hoje verás isso, tribuno! Não só levarei Brás a repudiar sua grosseira religião parasitada de um judaísmo bárbaro que os gregos tentaram civilizar, como ainda a me revelar o nome de cristãos abastados daqui".

Lysias ponderando: "Um confisco agora valeria muito ao imperador batendo-se em duas guerras, no Ocidente, opondo-se às pretensões do ambicioso Constantino, que sonha reunificar o Império; e, no Oriente contra os Partos sempre inquietos. Mas, isso não se dará, pois Brás não renegará sua prática religiosa nem se prestará ao papel de traidor delatando seus comparsas. Repito: corte-lhe logo a cabeça, se não queres dores na tua!"

O prisioneiro fortemente amarrado avançava passo a passo como que empurrado pelos esbirros. Postaram-se diante da escadaria. Os soldados formaram com os escudos uma sorte de cinturão em volta do preso.

O centurião Honoratus, levando um pergaminho, subiu os degraus tilintando armas. Fez uma continência militar ao tribuno que lhe retribuiu. E, com um gesto largo do braço esquerdo apontando Brás ao pé da escada, apresentou-o ao prefeito de pé, majestoso, diante de sua cadeira de juiz, dizendo: "Eis o homem que mandaste deter e os autos da operação". Entregou o pergaminho ao prefeito que o percorreu em um relance d'olhos. Cochichou algo aos ouvidos do oficial. Este desceu os degraus, retirou do preso as calcetas dos tornozelos e a corrente da cintura que um soldado segurava. Desamarrou-lhe os pulsos. Ajeitou-lhe a gola da túnica. Pegou-lhe a mão e, com um gesto, indicou que deveria acompanhá-lo subindo a escadaria.

Com grande dificuldade, o detento conseguiu galgar os degraus ao lado do militar. Agricolau aguardava-o, todo imponente, diante de sua cadeira de juiz. Um sorriso ferino dançou-lhe pelo semblante enquanto corria a língua pelos lábios, tal como fera antes de abocanhar a presa. Com o olhar mediu o prisioneiro de cima abaixo. Chamou dois amanuenses que se postaram a seu lado com suas tabuinhas enceradas e estilete em punho, prontos para anotarem.

Enfim, do alto de sua autoridade suprema, dirigindo-se a Brás, soltou com voz fria como a lâmina de um punhal:

"Cidadão, estás em um tribunal romano notório por suas sentenças justas e irrefutáveis, porque firmadas na verdade dos fatos e nas decisões dos deuses imortais: nossos divos imperadores. És acusado de desobediência aos decretos imperiais. Portanto, diga-nos sem rodeios: teu nome, onde nasceste e qual a tua religião".

O prisioneiro respondeu sem afetação: "Brás é meu nome. Nasci e sempre residi na imperial cidade de Sebaste, capital da Armênia Menor. Sou, portanto, cidadão romano sebasteno. Sou cristão e pratico o que nos ensinou Jesus Cristo, o Deus vivo e verdadeiro".

Agricolau interrompendo-o: "Basta! Nosso imperador Licínio, amado dos deuses, proíbe por decreto a prática desta religião em seus domínios. No Império romano do Oriente não é lícito ser cristão. Estou sendo claro?"

Brás permaneceu imperturbável.

Agricolau prosseguiu: "Terás, por conseguinte, de renegar esta tua famigerada superstição e oferecer sacrifícios aos deuses imperiais como prova de tua fidelidade e submissão. Pensa e reflita no que vais responder, pois tua vida dependerá da escolha que fizeres. A ordem imperial é para ser obedecida por todos, custe o que custar".

Brás respondeu com total segurança: "Já decidido está, excelentíssimo Senhor. Nunca renegarei Jesus Cristo, meu Deus e Senhor. Jamais oferecerei sacrifícios ao que chamais de deuses, pois eles são fábulas criadas por fantasias humanas, e de que reis e imperadores se apoderam para dominar as pessoas".

Agricolau fez um gesto de terror, olhando a multidão, e murmurou entre dentes: "Agitador!"

Brás prosseguiu: "Vossos deuses, senhor prefeito, sois vós mesmos ou vossas paixões e vossos vícios divinizados. Artistas e escultores se encarregam de materializar no mármore, no ferro, no bronze e no barro essas ideias criadas pela fantasia de escritores e poetas.[5] Dizei excelência: É razoável adorar como se fosse Deus uma obra de mãos humanas?..."

---

[5] Hesíodo, escritor grego, conta em sua obra "Teogonia" a origem e as atividades dos deuses e como eram concebidas e explicadas pela mentalidade do paganismo. Ovídio (em "Metamorfoses"), Virgílio e outros abordam também esses temas em suas elucubrações poéticas.

Agricolau impaciente o interrompeu: "Vamos ao que interessa. Obedeces ou não ao decreto do imperador, oferecendo um sacrifício aos deuses?"

Brás, com firmeza: "Nunca renegarei minha fé cristã. Só reconheço Jesus Cristo como o único Deus e só a Ele adorarei. Estou sendo claro, senhor?"

Agricolau ameaçando-o: "Veremos se sob os açoites continuarás com tua teimosia. Hei de quebrá-la, mesmo que tenha de descer contigo ao Tártaro!"

Brás plenamente decidido: "Meu Senhor Jesus Cristo comunicará a fortaleza necessária para suportar os tormentos que infligirdes a minha carne. Minha alma estará em paz, e minha mente ocupada com a lembrança do que Jesus Cristo sofreu no pretório de Pilatos. Senhor prefeito, fazei de mim o que imaginardes. Ficai certo, porém, não renegarei minha fé!"

Agricolau com um sorriso sádico: "Será feito como dizes. Mas não se diga que não fui condescendente contigo. Exijo que cumpras a lei como qualquer cidadão".

Chamou os carrascos que se aproximaram e agarraram Brás pelos ombros. Despediram-no até e cintura. Amarraram-no a uma coluna bojuda como uma pipa. Ataram-lhe os tornozelos e fizeram-no abraçar a coluna. Amarraram-lhe os pulsos de forma que ficou com as costas totalmente expostas aparecendo os ossos pontudos dos ombros e costelas.

Agricolau ordenou ao centurião: "Cinquenta varadas e cinquenta chicotadas, como começo". E assentou-se em sua cadeira de juiz.

Os esbirros bateram as costas de Brás com vergastadas alternadas. Honoratus foi contando em voz alta. De início o corpo esquelético se contorceu às pancadas, ouvindo-se algo como que soluço ou gemido. Depois, somente o zunir dos golpes.

Após as cinquenta varadas, sucederam-se dois outros algozes, aplicando-lhe chicotadas. Os chicotes eram feitos de tiras de couro, terminadas com bolinhas de chumbo, e conhecidos como o "gato de nove rabos", porque se dividiam em nove tiras. Sob os golpes dos azorragues surgiram, primeiramente, vergões e depois largos hematomas que foram se rompendo; o sangue correu em veiozinhos, sujando o piso branco de mármore.

Feito isso, os algozes desamarraram os punhos e tornozelos do supliciado que tombou para um lado e caiu como desfalecido; mas recobrou-se logo e se levantou resoluto.

Agricolau, após emborcar mais uma taça de vinho, deixou sua cadeira e se aproximou dele dizendo zombeteiro: "Então, fanfarrão, continuas com tuas bravatas desafiando-nos, ao imperador e a mim?"

Brás como se acordasse de um sonho disse: "Confesso minha fé, Excelência. Pouco faz se é com sangue, dores e morte. Nunca vos desafiei, nem desafio quem quer que seja. Apenas isto: nada me demoverá de minhas convicções".

Agricolau meio sorridente: "Parecias nada sentir com teus ares de Hércules.[6] Eu ansiava por ouvir-te gemer, amaldiçoar-me, xingar e implorar perdão como fazem todos os outros..."

Brás interrompendo-o com bravura: "É que eu sou Brás e não todos os outros".

Agricolau escarnecendo: "Ah! És diferente dos outros? Tens poderes divinais e infernais?"

---

[6] Herói lendário da mitologia grega que realizou os 12 grandes trabalhos, símbolos das grandes conquistas humanas. Tornou-se sinônimo de homem forte, empreendedor e persistente.

Brás retomando a serenidade: "Nada do que dizeis, Excelência. Tão somente me coloquei em espírito no Pretório de Pilatos e contemplei meu Senhor Jesus Cristo no mesmo suplício atado a uma coluna. E, embora pecador indigno, agradecia completar em mim o que falta à Paixão dele pela sua Igreja. Ele e somente Ele é a minha fortaleza e coragem diante do que, o senhor prefeito ou todas as criaturas humanas, possam maquinar para agoniar minha pobre carne. Com Ele sou invencível".

Agricolau riu com desprezo: "Conversa! Velho falastrão! Que deus ou demônio te habita?"

Brás com simplicidade: "Nada sei, Senhor, de magias ou destas entidades de que falais. Meu único Senhor é Jesus Cristo e nele se ancora minha inteira confiança de receber os bens que Ele nos prometeu".

Agricolau interrompendo-o com desprezo: "Nós? Também eu?"

Brás com vivacidade: "Por certo, Excelência. A promessa é para todos os que nele crer e viver segundo seus mandamentos".

Agricolau com impaciência: "Basta! Eu te intimo Brás: adora os deuses imperiais! Contento-me que atires apenas três grãos de incenso nos braseiros como prova de tua submissão. Faça isso e serás um cidadão romano livre e amigo do imperador! Se negares esse simples gesto, prepara-te para te saciares dos tormentos com que castigamos os insubordinados. Vamos!"

Brás com firmeza e vivacidade: "Está mais que decidido, Excelência. Não acredito em vossos deuses, nunca lhes prestarei a menor homenagem, pois isso equivaleria reconhecer-lhes a existência e renegar o meu Deus único. Fazei de mim o que quiserdes. Não temo suplícios, pois Jesus está comigo. Desprezo vossos deuses, prefeito. Que é Júpiter, senão a divinização de vossos adultérios; Juno nada mais é que a vingança de uma mulher insatisfeita. E Vênus? Uma soez meretriz com que desculpais vossas libidinagens. Odeio esta súcia de patifes que imaginais para justificar vossos desmandos. Falo a vossa consciência, prefeito. Buscai a verdade e ela vos libertará!"

Agricolau com raiva: "É demais! Se não te esvazio agora mesmo (tirou a adaga do cinturão e a exibiu bem na frente dos olhos de Brás) é porque quero dobrar-te pela dor, hei de vencer-te pelo sofrimento, infame desprezador dos deuses!"

Brás impávido: "Se me atormentais, Deus me dará forças para resistir, se me matais, Ele me ressuscitará para a vida eterna".

Agricolau com desdém: "Então sonhas viver depois da morte? Este teu Jesus que não pôde safar-se dos tormentos e da morte, por ventura terá poder de te fazer reviver?"

Brás: "Ele sofreu livremente o que mereciam nossos pecados e mostrou-nos, assim, o amor de Deus. É um mistério que só a Ele cabe explicar".

Agricolau com altivez: "Balelas! Ele não pôde livrar-te de minhas mãos. Vou mandar te esfolar vivo. Por ora sofrerás em toda a superfície de teu mísero corpo (recolocou a adaga na bainha e gritou em tom autoritário): Restituto, Áfricо, Rústico!"

Os escravos acorreram e se puseram de joelhos diante de Agricolau que lhes deu as ordens, apontando Brás e falando-lhes em latim: "Arranquem-lhe a pele, mas poupem-lhe a cabeça e o pescoço. Não o matem, pois o quero vivo!"

Foi assentar-se em sua cadeira e um escravo se apressou em servir-lhe vinho. Um dos carrascos arrancou as vestes de Brás, que ficou inteiramente nu. Outros trouxeram uma espécie de trave e dois cavaletes. Amarraram fortemente pulsos e tornozelos de Brás; deitaram-no no piso. Passaram-lhe a trave entre os pulsos e os tornozelos e o penduraram nos cavaletes; ele ficou suspenso como em um "pau-de-arara". Com uns "pentes" de ferro com pontas afiadas, foram lhe arrancando a pele do corpo, pedacinho por pedacinho. Em breve ficou só a carne viva, de onde o sangue marejou por toda parte. Desceram-no dos cavaletes e o estenderam no piso que logo se avermelhou.[7] Brás, com muito esforço, conseguiu se levantar. A vista era tão lastimável que uns soldados se esforçaram por enxugar umas lágrimas que lhes desciam pela face. O supliciado estava como que vestido de vermelho.

Agricolau ergueu-se de sua cadeira, ajudado por um escravo que acorreu, e, aproximando-se de Brás, disse zombeteiro: "De onde tiras esta tua serenidade, verme miserável? Estás frente a frente a uma multidão que de ti escarnece, que ri, que pilheria e que zomba de ti. Nem isso te constrange?"

Brás respondendo vagarosamente: "Por que haveria eu de me avexar? Jesus, meu Senhor, foi desnudado diante de todos os presentes no Calvário. Além disso, o Deus, que me criou, criou-nos a todos da mesma forma, como também vossa Excelência".

Um carrasco deu-lhe um soco no rosto. Brás desequilibrou-se e caiu, mas levantou-se com muito esforço. Um fio de

---

[7] Durante a Idade Média, São Brás foi o patrono das confrarias de cardadores de lã e entalhadores porque os instrumentos que usavam em seus trabalhos lembravam os "pentes" de ferro com que o santo teve a pele escorchada.

sangue lhe escorreu do canto da boca. Com serena calma, perguntou: "Por que me bates?"

O carrasco com arrogância: "É para aprenderes a não te igualar ao nosso ilustre prefeito".

Brás perguntou novamente: "Onde está a diferença?"

E o carrasco, mostrando-lhe mão direita aberta: "Vês, ignorante, que até os dedos da mão são diferentes conforme as funções que desempenham. E a autoridade tem de ser reverenciada".

Agricolau sorriu com agrado, mas, fingindo-se contrariado, disse: "Deixem de paspalhices!"

Aproximou-se de Brás bastante encurvado, cuidando de não se sujar com sangue, e disse com arrogância: "Mísero verme que esmaguei com o pé, provaste que não estou brincando de ameaçar! Admiro tua convicção estoica. Mas é necessário saberes que no Império romano só existe uma lei: a do imperador, ele ordena crer nos deuses e oferecer-lhes holocaustos. Quem se negar a isso que seja submetido a torturas e morte".

Brás com voz fraca, mas firme: "Senhor prefeito, não temo torturas nem receio morrer, já vos disse".

Agricolau agastado: "Hei de vencer-te, Brás! Excogitarei tormentos cada vez mais dolorosos. Não quero que morras. Quero que sofras. Hei de quebrar este teu orgulho. Hás de adorar os meus deuses, eu o juro pelas águas lodosas do Averno,[8] ou não me chamarei mais Agricolau".

---

[8] É um lago na Campânia em terreno vulcânico, circundado por espessíssima floresta. Nele os poetas Homero e Virgílio fantasiaram a entrada do inferno. Eis por que essa palavra foi tida como sinônimo da mansão infernal, talvez também pela semelhança sônica.

Com rispidez ordenou aos escravos: "Reconduzam-no à prisão, mas não o deixem morrer", responderam com suas cabeças, "ouviram bem?"

Reentrou no palácio meio cambaleante acompanhado por Lysias. Os escravos revestiram Brás com a túnica. Empurraram-no para que andasse. Ele deu uns passos, mas caiu de bruços. O centurião Honoratus se aproximou. Examinou o preso. Cochichou algumas ordens aos escravos que saíram e voltaram com uma padiola, mais parecida com um banguê, e estenderam Brás sobre ela. Quatro escravos a soergueram do piso e a puseram sobre os ombros. O centurião gritou algumas ordens marciais. Os soldados ficaram de prontidão. Soou a corneta e saíram marchando ao ruflar dos tambores com a maca de Brás fechando o cortejo.

Escravos entraram apressados com esfregões, baldes e panos, limpando o piso e a escadaria, e retiraram os cacos do ídolo quebrado. As pessoas foram deixando a esplanada defronte do palácio, um pouco amuadas com o que viram. Os três amigos, nossos conhecidos, entreolharam-se decepcionados, podendo-se ler em seus semblantes: por que isso? Que significado tem?

Enquanto isso...

A esplanada defronte ao palácio se esvaziou rápido. O falatório se esvaiu e o silêncio preencheu o vazio. Os três amigos olharam-se longamente sem palavras. Por fim Calpúrnio desabafou: "Que deprimente! É essa a justiça perfeita dos romanos?"

Laertes, ainda meio estremunhado: "Deplorável! Por que maltratar assim uma criatura?... Também por que o casmurro do velhote não cedeu logo? Fosse comigo! Era só jogar um punhado de incenso em um braseiro qualquer e ficar livre! Simples, não?"

"Não para Brás", ponderou Crisipo. "Pois, neste gesto, estava comprometida toda a mente do digno ancião, e empenhar sua consciência era mentir. Isso ele não faria e jamais fará".

"Mas, pagou com o preço de uma esfoladura completa. Acho demasiado alto", disse Laertes.

"É questão de foro íntimo", retrucou Crisipo. "E, por suas convicções ele suportará, até mesmo, ser reduzido às cinzas. Nada o arredará de sua convicção. Sua mente estará plenamente tranquila, enquanto o corpo se contorcerá e gemerá sob golpes, fogo, água ou o que se possa imaginar para seviciá-lo".

"Eu faria de conta que adorava todos os deuses do Olimpo e do Inferno", foi aventando Laertes.

"Brás não", retorquiu Crisipo. "Para ele a questão não é viver ou morrer; mas unicamente ser o que é. Eis por que ninguém o demoverá disso".

"Mas, digam-me, poderá alguém prescrever o que os outros devam crer se não se conformarem a isso?", perguntou Calpúrnio.

"É tirania selvagem", respondeu Laertes. Crisipo já disse: "Trata-se do foro íntimo onde sou a minha verdade e onde, consequentemente, ninguém poderá entrar. Por isso, o gesto externo, para mim, não comprometeria o foro íntimo..."

Crisipo o atalhou: "Assim fala um autêntico discípulo do cínico Diógenes. Para o ancião, porém, viver e agir é uma consonância perfeita".

Intervém Calpúrnio: "Confesso-me incapaz de tanto, mas insisto: será lícito impor a alguém uma atitude ainda que externa, mas que contraria sua consciência?"

Tornou Laertes: "Acho que o imperador extrapola seus poderes e o prefeito Agricolau agiu com perversidade inominável..."

Um pelotão de cavaleiros irrompeu pela esplanada expulsando o silêncio com o patear dos cascos de alazães corpudos e pesadões. Foi se postar em dois renques aos pés da escadaria, com os cavalos mordiscando os freios impacientes. Dois escravos trouxeram pela brida dois legítimos "puro sangue" árabes.

A portada do palácio se abriu e saíram Agricolau e Lysias conversando. Estavam em traje de montaria e desceram as escadas fazendo tilintar as rosetas de suas esporas douradas. Escravos se postaram junto aos estribos e ofereceram as mãos abertas em concha para os senhores apoiarem o pé direito e os impulsionar no galeio para montarem. Feito isso, aprumaram-se nos arreios, receberam as rédeas das mãos dos escravos e, esporeando os cavalos, partiram a trote galopando seguidos dos outros cavaleiros que gritaram: "Upa! Urra! Vamos lá!"

Voltando a calma na praça, Calpúrnio insistiu: "Poderá um governante expulsar alguém do lugar onde nasceu só porque tem outro modo de pensar?"

"Não podem, mas fazem", respondeu Laertes. "É a velha história de só eu sei e decido o que é bom para todos; só eu é que estou certo... Obedeça a quem tem bom senso."

"Ora, não confunda bom senso com covardia", interveio Crisipo. "Há bens nas pessoas que são inegociáveis, como os de seguir leis e costumes que correspondam melhor a sua cosmovisão da vida."

"É um estoico que fala", ia dizendo Laertes, mas uma nova tropelia e gritos invadiram a esplanada. Alguns soldados conduziam, com as mãos amarradas em uma grande corda, sete mulheres e dois meninos. Reboou a gritaria: "Cristãs, vadias, feiticeiras, ateias! Matem-nas e acabem com esta gente!"

Os soldados, formando barreira com os escudos e de espadas nuas nas mãos, impediram o populacho ensandecido de praticar um linchamento. As prisioneiras e os meninos foram encerrados nos calabouços dos porões do palácio.

Acalmando-se um pouco o ambiente, perguntou Calpúrnio: "Que está acontecendo?" Um decurião lhe respondeu: "Essas mulheres são acusadas de serem cristãs". "Que fizeram?", insistiu Calpúrnio. E o militar secamente: "Foram surpreendidas recolhendo gotas de sangue de Brás que fora castigado e recolhido ao cárcere. Interrogadas, confessaram ser cristãs". Esboçando uma continência, o militar se afastou seguindo sua tropa.

Laertes meio sorrindo meio sério disse: "Mais trigo para o moinho do prefeito".

"Mais espetáculo de sangue e sevícias", falou Calpúrnio.

"Oh! Não!", retrucou Laertes. "Desta vez o prefeito vencerá. Basta só começar a pingar sangue que essas mulherzinhas e garotos abrirão a boca chorando e pedindo misericórdia. Renegarão o seu Deus e oferecerão sacrifícios aos deuses."

"Pois acho que se engana", disse Crisipo. "É não conhecer a fibra dos cristãos. Essas 'mulherzinhas' resistirão tal como Brás".

"Aposto que irão ceder", tornou Laertes. "Mulher e criança choram à toa. Cem sestércios contra dez asses. Topa?"

"Aposta-se em corridas de bigas ou de cavalos e não quando estão em jogo vida e sofrimento de seres humanos", sentenciou Crisipo. "Mas, como sei que vou ganhar, aposto dez denários contra os seus cem sestércios."

"Enquanto isso, o prefeito se espairece trotando pelos campos, fazendo hora para um lauto almoço; Brás na masmorra curte suas dores se ainda não morreu; e essas pobres senhoras se angustiam com o que pode lhes advir no amanhã", disse Calpúrnio, muito sério.

"Bravo!" Riu Laertes. "Nosso amigo está hoje sentimental. Fugir do sofrimento e buscar o prazer é o que ensina o mestre Epicuro."

Despediram-se sorridentes, pois que se aproximava a hora do almoço e os estômagos já reclamavam.

INTERMEZZO PARA O TESTEMUNHO DE SETE MULHERES

"Sangue dos mártires é semente de cristãos."
(Tertuliano)

Eis-nos em frente ao palácio do prefeito de Sebaste. Até parece repeteco. O tribuno Lysias refestelou-se em sua cadeira com o olhar perdido no horizonte. Agricolau, paramentado com as insígnias de seu cargo, postou-se ante uma estátua de Júpiter e atirou um punhado de incenso no braseiro defronte. Ergueu os braços e disse solenemente: "Júpiter, pai dos deuses e dos homens, ensina-nos a administrar a justiça, castigando os culpados e reconhecendo os inocentes!"

A seguir, colocou-se de pé diante de sua cadeira de juiz. Os réus eram sete mulheres e dois meninos, assentados em rudes banquetas, com os pulsos amarrados, vigiados por soldados de adagas desembainhadas nas mãos. O prefeito argumentou:

"Senhoras, fostes trazidas à barra deste tribunal porque pesa sobre vós a acusação de seguirdes uma religião proibida no Império romano do Oriente. Como dignas matronas da sociedade sebastense, ireis, estou certo, desmentir tais calúnias.

Como a nobre romana mãe dos Gracos[1], apontareis com vosso exemplo aos vossos descendentes o caminho do patriotismo, civismo e obediência às leis pátrias do glorioso Império, protegido e amado pelos deuses que o fundaram na gloriosa Roma e lhe deram tamanha fama que hoje quem não é romano é bárbaro, é um apátrida sem leis e sem deuses. Longe de vós desprezar as leis mais sábias de todo o universo. Conto por certo que renegareis as crenças bárbaras e desprezíveis dos cristãos a que fostes induzidas. Oferecereis sacrifícios, holocaustos e libações aos deuses, pois sois prudentes e de muito bom senso. Começai, pois, protestando vossa obediência aos deuses, queimando-lhes incenso! E se isso vos apraz, nas horas vespertinas cuidarei de oferecerdes um holocausto para o qual convido o nobre tribuno Lysias e pessoas gradas de Sebaste. Vamos senhoras! Que eu não me veja constrangido a aplicar-lhes os terríveis castigos reservados somente aos inimigos do Império!"[2]

As prisioneiras cochicharam entre si em seu dialeto, os meninos choraram alto. Agricolau em tom conciliador: "Sim; aconselhai-vos umas com as outras. Depois uma falará por todas".

---

[1] Trata-se de Cornélia, a matriarca do clã dos Gracos, apresentada na cultura romana decadente como a matrona, típica mãe de família. Para incentivar a volta aos padrões familiares herdados de seus avoengos troianos e latinos, a saber, simplicidade e sobriedade, tidas e admiradas como as virtudes constituintes da família romana, contava-se a seguinte historieta: as senhoras romanas estavam cada vez mais frívolas. Ocupavam-se em organizar saraus esplêndidos para alardearem vestidos e joias que cada uma desfilava ante os olhos deslumbrados dos presentes, atiçando inveja e cobiça, senão rivalidades. Organizaram um, certa feita, e Cornélia foi convidada. Aceitou e foi grande a curiosidade, já que nunca dantes ela participara desses eventos. Reservaram-lhe, pois, o desfile de honra.
Ela apresentou-se no seu traje de viúva e sem qualquer adereço. Apenas conduzia pelas mãos seus dois filhinhos: Caio e Tibério, futuros estadistas famosos e decor do Império, vestidos com simples túnicas infantis. Ao final do passeio pelo salão, ela proclamou em meio ao desencanto de muitas e o enlevo de outras tantas: "Eis, senhoras de Roma, as minhas únicas joias!"

[2] Os romanos aprenderam dos Fenícios e Cartagineses a arte de judiar com os condenados à pena capital. Criaram a flagelação como "aperitivo" sádico à execução e importaram a crucificação com o intuito de degradar inteiramente a lembrança dos supliciados.

Ordenou ao centurião desamarrar-lhes os pulsos. Foi assentar-se em sua cadeira. Fez um gesto, e escravos acorreram trazendo bandejas, taças, vinho. Serviram-lhe e ao tribuno. Agricolau esfregou as mãos, satisfeito. "Que vença o bom senso", disse todo contente.

Conversou com o tribuno em voz baixa, e as prisioneiras trocaram palavras em sua fala licaônica. Os meninos pararam de chorar e um silêncio se fez na praça, tentando alguns ouvir as palavras das presas. Escutavam-se risadas, às vezes palavras de deboche, como: "Falem alto! Queremos ouvir!"

Pouco a pouco a algaravia encheu de novo a praça. Longos minutos foram decorridos. Uma das senhoras, a mãe dos dois meninos, ergueu-se e disse a Agricolau: "Senhor prefeito, eis nossa decisão unânime!"

Agricolau acenou-lhe com a cabeça que podia falar. O centurião ergueu o braço direito. Um toque de trombeta impôs silêncio total. Disse a prisioneira:

"Excelência! É costume purificar-se os que vão oferecer um sacrifício. Seja-nos permitido fazer esta purificação nas águas do grande lago de Sebaste, pois precisamos de águas vivas.[3] Sejam-nos entregues vossos deuses! Serão lavados da fuligem que os embaça e ficará provada sua divindade. Depois ofereceremos o nosso sacrifício que será, ao mesmo tempo, o de nosso testemunho fiel."

---

[3] Nas civilizações antigas, em geral, não havia água encanada nas residências e mesmo nos palácios. Para cada banho, apanhava-se e preparava um tanto suficiente de água. Por isso se banhavam as pessoas nas "águas vivas", ou seja, movimentadas pela natureza, mares, rios e lagos; isso era muito comum. O livro do Êxodo nos fornece uma informação sobre esse costume dizendo: "A filha do Faraó desceu para tomar banho no rio" (Êx 2,5).

O prefeito ergueu-se de sua cadeira, com mostras de contentamento, e disse: "Vossa proposta é uma canção aos meus ouvidos. Do que ides precisar, vos será fornecido". Ordenou: "Centurião, escoltai estas dignas cidadãs até as margens do lago!" Ao mordomo: "Que lhes seja dado tudo de que precisar para o sacrifício!" E a ambos: "Deem-lhes total liberdade de ação; transportem os deuses em minha liteira e, nas margens do lago, entreguem-nos a estas senhoras. Respondereis pelo exato cumprimento dessas minhas ordens!"

Voltou-lhes as costas. Passou uma taça de vinho ao tribuno, pegou outra e no auge de contente, brindou: "Ao feliz sucesso deste dia e aos deuses imortais!" Beberam, sorriram e, conversando em voz baixa, adentraram o palácio.

Honoratus, um tanto confuso, deu algumas ordens a seus homens que se postaram na escadaria e formaram um corredor. Nele colocaram em fila indiana as prisioneiras e os meninos já desimpedidos de peias e algemas. O mordomo distribuiu os afazeres aos escravos que corriam afobados de um lado para o outro. Alguns trouxeram uma liteira e nela adicionaram os ídolos que rodearam o peristilo. Outros trouxeram pacotes de incenso. Nem faltou um carneiro trazido atado por uma corda... Em uma lufa-lufa de entre e sai contínuo.

Tudo aprontado, o centurião ergueu o braço e ordenou o início da caminhada. Um toque prolongado de trombeta. Os soldados partiram marchando ao lado das prisioneiras e os dois meninos no corredor central, ao som de clarins e tambores que marcavam o ritmo das passadas. Muitos dos assistentes partiram na cauda do cortejo.

Na praça vazia

"Acho que desta vez o prefeito conseguiu seu intento", ia dizendo Calpúrnio.

Laertes atalhou: "Era de se esperar. Mulheres se guiam muito por sentimentos. Choram, gemem, têm horror à morte e ao sofrimento".[4]

Crisipo interveio: "Algo me segreda que nos esperam surpresas. A vitória do prefeito foi fácil demais. Uma arenga desprovida de retórica, sem muito nexo e pobre de argumentos convincentes. Segundo ele, o culto aos deuses é a única garantia da ordem pública, da integração social, da felicidade pessoal e da família. Virtudes badaladas por todos desde a fundação do Império romano, mas que nunca convenceram o grande povo".

"Eu acho que estas mulheres receiam é a morte e fogem da dor", foi dizendo Laertes.

"E quem não tem medo da morte? Quem gosta de dor?", perguntou Calpúrnio.

"Desconfio que estas 'mulherzinhas' tomaram uma decisão consciente. Não repararam como estavam seguras de si?, Imagino um segredo só conhecido na hora certa", ponderou Crisipo.

"Se fossem seguidoras da 'Porta', talvez... Mas, mulheres filósofas é coisa que nunca vi", chasqueou Laertes.

"Elas possuem uma convicção que ultrapassa sentimento e mente e deita raízes onde são elas mesmas", comentou Crisipo.

---

[4] Marco Minúcio Felix como juiz romano julgou muitos cristãos e confessou que os submeteu a torturas. E muito se vangloriava quando, nos sofrimentos, alguns renegavam sua fé. Experimentava nisso um sadismo satânico, afigurando-lhe redimir-se de todos os seus crimes, por conseguir isso à custa de mulheres e até crianças.

"Sofisma!...", rebateu Laertes. "Ganhei a aposta! Pague-me os dez denários que empenhou contra os meus cem sestércios! Não mandei ser otário..."⁵

Inesperadamente, um soldado entrou esbaforido na praça. Após curtos instantes de fôlego, gritou histérico: "Mordomo! Intendente do Palácio! Senhor prefeito! Alguém que me ouça?"

Abriu-se a cortina da portada e surgiu Drusus, que perguntou com desprezo: "Que acontece aqui? Por que todo este berreiro?"

O soldado, ainda ofegante, respondeu tartamudeando: "Sacrilégio... Crime... Mulheres perversas... O centurião Honoratus vem vindo aí com as prisioneiras. Jogaram os deuses no lago!"

O mordomo entrou precipitado no Palácio. Crisipo fechou a bolsa e a recolocou no cinto. Disse a Laertes: "Imagino que sou eu a receber".

"Adivinhão!", disse Calpúrnio. "Agora, sim, veremos o julgamento e a condenação destas cristãs embusteiras".

Uma balbúrdia invadiu a praça. Gritos, pragas e ameaças de todas as bocas. Os soldados de armas em punho se esbaldaram para evitar o linchamento das presas que, com os meninos, foram empurradas pelos soldados escadaria acima e jogadas de bruços no piso do peristilo. Os populares atiraram-lhes pedras e lixo. Os soldados fizeram-lhes um muro com os escudos e alguns as mantiveram deitadas colocando-lhes o pé no pescoço.

---

⁵ Pelo século VII antes de Cristo começaram a circular moedas de ouro, prata e bronze no Império romano. O denário e a dracma grega correspondiam ao salário diário de um empregado. Havia também o asses e o sestércio que eram subdivisões do denário. O orador romano Cícero já fala de bancos, prova de que o escambo ou troca de mercadorias havia desaparecido.

Abafado um pouco o zunzunar na praça, abriu-se a porta do palácio por um escravo que afastou a cortina deixando passar o prefeito, que desta vez não foi paramentado de suas insígnias. Trajava uma túnica de linho branco, que lhe chegava até os joelhos, e de mangas curtas. Calçava sandálias douradas com cadarços largos que se lhe entrançavam pernas acima, até pouco abaixo dos joelhos. Tomou lugar em sua cadeira e deu mostras de desequilíbrio nervoso.

Com rispidez ordenou que as prisioneiras se assentassem nas banquetas. Enquanto isso escravos armaram um altar bem à frente delas. Nele entronizaram um busto de Júpiter e acenderam o braseiro que lhe colocaram defronte. Frágilis reapareceu atirando mãos cheias de incenso sobre as brasas, de onde se evolaram nuvens de fumaça azulada.

Agricolau se postou de pé e apostrofou com rudez as prisioneiras: "Traidoras imbecis, indignas da brandura que lhes dispensei. Jogaram meus deuses nas águas. Então, era isso que chamavam de sacrifício? Zombaram de mim e de meus deuses. Merecem a morte! Mas, porque represento as leis de um Império justo, humano e leniente, ofereço-lhes um último ensejo. Agora, aqui perante mim e toda esta assistência, reneguem a seu Cristo sem tapeação, sacrificando ao pai dos deuses e dos homens: Zeus, o excelso.[6] Isso, se preferem viver". Assentou-se e encarou as prisioneiras.

Após uns minutos, a senhora que falara antes ergueu-se e disse a Agricolau: "Senhor prefeito, não o tapeamos nem

---

[6] Júpiter (*Zeus entre os gregos*) era tido como o "pai dos deuses e dos homens". Na mitologia greco-romana não aparece um criador inicial. Conforme Hesíodo tudo se levanta do "Caos", sem indicar donde ele veio e em que rumo caminha. Com o passar do tempo a imaginação popular conferiu o status divino a esse Caos também.

trapaceamos. É que Vossa Excelência quis ouvir em nossa fala o que desejava escutar, e não o que lhe estávamos a dizer.

Não lhe prometemos oferecer sacrifícios aos deuses, mas provar que nada têm de divinos. Para isso, atiramo-los às águas. Afundaram, porque são apenas barro, pedra e ferro esculpidos com feições humanas. E, para provar isso, veja o que faço com o vosso 'pai dos deuses e homens'". Dizendo isso empurrou com as mãos a estátua de Júpiter, que caiu e se espatifou voando pedaços por todos os lados.

Gritos subiram da praça: "Morte às criminosas! Cortem-se-lhes as mãos sacrílegas! Vinguem-se nossos deuses!"

Agricolau disse com frieza: "Maldita, com o preço de teu sangue pagarás o sacrilégio que acabas de cometer! Soldados, façam o que o povo está pedindo!"

Um soldado imobilizou a prisioneira contra o altar e um outro decepou-lhe o pulso com um forte golpe de adaga. O sangue escachoou como de uma bica. A mulher ainda teve força de pegar com a mão que lhe restara a cortada e arremessá-la contra o peito de Arquelau, gritando-lhe: "Homem sanguinário, eis o preço que pago com toda alegria por ser cristã!"

Os meninos gritavam apavorados. Alguns dos soldados lhes tapavam a boca com as mãos. Drusus bateu-lhe com varas e deu-lhes palmadas. O tribuno achegou-se a Agricolau e sussurrou-lhe ao ouvido: "Repare! São belos efebos e bem formados de corpos. Em Atenas, Nicomédia ou mesmo Efeso renderão algumas centenas, quiçá milhares de denários. O que não é de se desprezar!"[7]

---

[7] Na decadência do Império romano era recorrente a venda de meninos e adolescentes como escravos para servirem de prostitutos a grandes senhores, ou "camareiros" de senhoras viúvas

Agricolau aprovou com a cabeça e disse com desfaçatez: "Centurião, que estas infames plebeias experimentem os nossos 'espartilhos aquecidos' e, se tiver, porventura, alguma sobra que o fogo faça desaparecer!"[8]

Honoratus, erguendo o braço, perguntou: "E o que farei dos meninos?" Agricolau refletiu um instante e sentenciou: "Levam-nos à governanta Lavínia. Que lhes dê um banho, roupas decentes, alimentos e os conserve nos aposentos do gineceu. Não os deixe fugir, senão responderá com a sua cabeça!"

A um gesto de Drusus, os escravos imobilizaram os meninos, que esperneavam, colocaram-nos sobre os ombros e saíram levando-os.

Agricolau, dirigindo-se à entrada do palácio, comentou com o tribuno: "Amanhã porei fim a tudo isto". Entraram no palácio, ao comando do centurião, os soldados, arrastaram as prisioneiras para fora do peristilo. Na praça os comentários zumbiram por todos os lados.

Trocando opiniões

Os três amigos se entreolharam por longo tempo, depois Crisipo rompeu o silêncio:

"Mulherzinhas de fibra, hein Laertes? Pouca gente teria tanto desassombro e convicção destas simples plebeias! Não defenderias as falas de teu mestre Diógenes com um milési-

---

endinheiradas e insatisfeitas. Se possuíssem boa voz eram castrados para manterem o tom de falsete muito apreciado então. Depois de servirem em espetáculos teatrais eram empregados como eunucos ou vigias de haréns e geniceus. Nessa condição alguns galgaram postos importantes nos governos, como registra a história.

[8] Instrumentos de tortura de ferro ou bronze em forma de couraças que, levados à incandescência, eram colocados no torso dos supliciados. Mais uma prova de sadismo.

mo da coragem destas mulherzinhas na defesa dos ensinamentos cristãos".

"Isto é o que chamo de xeque-mate", disse Calpúrnio sorrindo.

"Abismado e confuso, confesso minha ignorância na capacidade destas cristãs", resmungou Laertes.

"É que elas não morrem por princípios, causas ou instituições, Laertes. Elas fizeram a opção por uma pessoa em quem confiam e a quem amam sobre tudo: o seu Cristo", comentou Crisipo. "E isto é que faz toda a diferença."

"Pergunto", aventou Calpúrnio: "De onde lhes vêm tamanha convicção?"

"É o que me pergunto também", disse Crisipo. E acrescentou: "Imagino, porém, a total consonância que descobrem nos ensinos e na prática de seu Cristo. Não é só pela clareza de uma razão iluminada, digamos, por aforismos e sentenças de um Platão ou Aristóteles, por exemplo, mas experimentam a junção entre conhecer, querer e agir".

"Uma nova filosofia?", quis saber Calpúrnio.

"Pelo visto e ouvido, chego à conclusão de que o cristianismo não se limita a um corpo doutrinário destinado a orientar pessoas como nossas escolas filosóficas. Consiste antes na vivência consciente de uma quase utopia colimando na perfeição humana", aduziu Crisipo.

"Idealismo cativante sem dúvida e que se afina bem com o pensar da 'Porta'. Mas, como imputar crime a essas mulheres e castigá-las com a perda da vida de uma maneira tão bárbara? Pode-se proibir ou impor um ideal?", falou Calpúrnio um tanto nervoso.

"Ora essa! Elas se afirmaram cristãs. Isso no espaço da dominação romana é proibido e castigado com a pena de morte", disse Laertes meio zombeteiro, retomando seu jeito jocoso, próprio de um cínico: "Nosso prefeito crê ter o poder de proibir outrem pensar diferente e até impor-lhe suas convicções como as únicas verdadeiras. E, caso não se dobre, elimina-o. No Império romano é assim, uma só lei e um só pensamento: o do Imperador. Falou o papudo, cessou tudo! Não é assim, seguidor da 'Porta?'"

Crisipo aceitou o repto e respondeu: "Penso a liberdade como o predicado mais constitutivo do ser humano. Pois, enquanto os vegetais vivem confinados a seu ambiente e os animais, a sua espécie, a pessoa humana está sempre na busca de transcender-se. Isso, porque é livre e tende sempre à perfeição. Por isso penso que condenar à morte estas mulheres só pode provir da arbitrariedade egoísta e vaidosa do imbecil que, no momento, governa Sebaste".

"Alto lá!", retomou Laertes, sorrindo. "Temos agora um estoico anarquista! Está opondo-se ao imperador romano, filho querido dos deuses de quem promanam as leis? A lei existe para ser obedecida e ao juiz compete zelar por sua fiel observância..."

"O amigo diz isto", zombou Calpúrnio, "como se acreditasse em deuses e juízes! A história registra o 'caso Sócrates' que se matou bebendo cicuta para obedecer aos magistrados que o condenaram à morte por sua mentalidade aberta no tocante à educação da juventude..."

"Tudo não passou de uma estúpida incompreensão",[9] interrompeu-o Crisipo. "Mas, debitar todos os erros humanos à incompreensão e ao 'não sabia' é esquecer que cada caso

---

[9] Minúcio Felix, na obra citada, chama Sócrates de "scurra Atticus", ou seja, (*Ateniense boboca*) por aceitar suicidar-se por suas ideias acerca da educação da juventude.

é um caso. Por isso, cabe ao governante e ao magistrado ajustar leis e decretos ao caso concreto que o cliente está vivendo e, tudo ponderado, devendo organizar o melhor para o bem comum".

O centurião Honoratus irrompeu átrio adentro, seguido de dois decuriões e alguns soldados. Deram mostras de transtorno, nervosismo e espanto. O centurião, com rudes golpes de aldrava, esmurrou a porta do palácio e gritou: "prefeito, senhor prefeito! Tenho de falar-lhe com urgência!" Andava de um lado para outro e repetia uma, duas e três vezes, castigando a porta com aldravadas furiosas.

Abriu-se, a medo, uma fresta por onde se esgueirava para o átrio Drusus, o intendente do palácio, que perguntou com desprezo: "Quem é este impertinente que ousa interromper o banho de Sua Excelência?"

"Eu", respondeu Honoratus. "Vai dizer a teu patrão que tenho de lhe falar com urgência. O caso é com ele e o problema é dele".

Drusus balbuciou apavorado: "Queres ver minha cabeça rolar pelo chão?"

Honoratus, empurrando-o portas adentro, disse: "Vai depressa, se não queres tropeçar nela aqui agora mesmo!"

Após longos minutos de espera, a portada se abriu de par em par. Drusus afastou o cortinado, e Agricolau saiu do palácio para o átrio. Vestia-se apenas com um toalhão na cintura e que lhe caía até os joelhos. Estava furioso, mas fingia estar calmo e ser dono da situação. Dirigiu-se ao centurião: "Diga, senhor, o que está acontecendo!"

Honoratus readquiriu sua pose marcial, perfilou-se e disse: "Como ordenastes, submetemos as prisioneiras às couraças aquecidas até o vermelho. Esperávamos que ante o tormento renegassem sua superstição e implorassem clemência. Mas não! Enquanto alguns de meus homens se queimaram as mãos, simplesmente por achegarem nelas com longas tenazes calotas de ferro esbraseadas, elas se preocupavam apenas em tapar os próprios seios com as mãos. Admirável! As placas candentes não as queimavam e não se ouvia sequer um queixume, um 'ai', um gemido; antes rezavam a seu Deus e se animavam mutuamente. Com o insucesso dessas tentativas, empurramo-las para a fogueira, cujas chamas se elevavam a mais de 10 côvados, verdadeira frágua de um vulcão. Só de se aproximarem alguns de meus homens passaram mal. Elas, porém, passeavam em meio ao brasido cantando louvores a seu Deus. E, para cúmulo de nosso assombro, assoprou uma brisa mansa não se sabe de onde, que extinguiu fogo e calor. Não sabendo o que fazer, vim pedir providências".

Agricolau sinalizou aos amanuenses para registrarem sua fala: "Esgotados os recursos de nossa benevolência e persistindo as rés em seu propósito de desobediência a nossas leis, condenamo-las à pena da decapitação e que seus corpos sejam cremados e as cinzas jogadas no lago onde afundaram os meus deuses. Cumpra-se esta ordem e que as Fúrias[10] as persigam pelas margens do Estige!"

Encaminhando-se à porta do palácio disse: "Estou farto de sortilégios e intrujices cristãs. Amanhã, porém, terá fim tudo

---

[10] Fúrias eram divindades infernais imaginadas pelos pagãos, em número de três, e tinham a tarefa de atormentar os condenados aos suplícios do Tártaro, isto é, aquela parte do "mundo dos mortos" destinada aos castigos, conforme a mitologia pagã.

isso. Ou o 'mágico' me traz de volta meus deuses, ou sua cabeça rolará". Lysias foi que, saindo do palácio, disse: "Tivesse começado por aí, ter-se-ia poupado de tantos enfados".

Agricolau reagiu de mau humor: "Convinha demonstrar, primeiro, mansidão, diálogo e bom senso. Agora sou obrigado a tais extremos. Com isso, culpado não sou eu. Apenas cumpro nossas leis severas, mas leis que sempre valem para todos.[11] Sou inculpável dessas mortes. A culpa é destes cristãos intransigentes e cabeçudos".

Reentrou no palácio. Os soldados esboçaram uma continência e saíram pelo lado oposto do átrio, a fim de executarem as ordens recebidas.

Muitos dos presentes se iam da praça sem conseguir conter a emoção. Lágrimas impertinentes arrebentavam-lhe dos olhos. A reprovação se desenhava em muitos semblantes e em tantos outros mal se disfarçavam a revolta e a cólera.

Os três amigos se entreolharam interrogantes. Por fim Crisipo disse: "Estão entendidas em parte a simpatia e a aceitação do cristianismo entre o povo..."

"Por umas gotículas de sangue estas mulheres foram presas e condenadas a derramarem seu sangue todo. O que não duvidaram em fazer", suspirou Calpúrnio impressionado. "Isso, nunca irei entender".

"Fanatismo...", Laertes ia aventando. Mas Crisipo atalhou, dizendo: "Longe disso! Elas se conservaram tranquilas e cônscias do que lhes ameaçava todo o tempo. Sabiam bem o que

---

[11] "Dura lex, sed lex", isto é, "Lei severa, mas lei". Era um aforismo do direito no Império romano e que, manobrado por juízes e príncipes inescrupulosos, tornava-se uma ameaça à vida dos cidadãos.

queriam e não o trocavam nem mesmo pela vida. A coragem, o heroísmo e o sangue derramado por estas mulheres, simplesmente, pelo direito de crer em que queriam e conquistaram, por certo, muitos simpatizantes para a fé delas. Talvez até adeptos. Garanto-lhes".

"Vejam como o próprio prefeito ficou inseguro", desabafou de novo Calpúrnio. "Procurou desculpar sua ação homicida apelando para uma 'lei' absoluta, uma espécie de 'Moira'[12] ou destino a quem foi obrigado a obedecer."

---

[12] No paganismo era a personificação de destino imperioso e inflexível a quem até os deuses tinham de se curvar.

CONDENADO E EXECUTADO COM OS DOIS MENINOS

"Não tenham medo daqueles que matam o corpo."
(Mt 10,28)

Saudado pelo toque de clarins e aclamado pelo populacho, o prefeito Agricolau, revestido com as insígnias e penduricalhos de seu cargo, deixou a liteira, carregada por escravos núbios, e subiu majestosamente os degraus do Pretório carregando nas mãos uns papiros entre o frufru de suas vestes esvoaçantes.

Assentou-se em sua cadeira de juiz. Os escrivães amanuenses com seus estiletes e tabuinhas cobertas de cera tomaram posição atentos. Ressoou-se a ordem: "Compareça o acusado!"

Oito soldados bem armados empurraram Brás escada acima. Tinha os tornozelos e punhos presos em argolas com correntes. Estava vestido com sua túnica cinza da antevéspera. Longas cãs brancas emolduraram-lhe o rosto tranquilo e quase luzente. Nenhum vestígio das torturas recebidas em menos de três dias anteriores.

Agricolau, com fingida solenidade, proclamou: "Declaro aberta a sessão deste tribunal, cuja finalidade é apreciar as acusações que pesam contra o cidadão Brás".

Pôs-se de pé e leu solenemente: "Pela derradeira vez, eu prefeito de Sebaste na Armênia Menor, no uso das atribuições que me confere nesses domínios o divo imperador Licínio, interpelo-te, ó Brás, sedicioso e insubordinado chefe desta súcia de malfeitores conhecidos como cristãos, inimigos do gênero humano, fautores de inúmeros crimes: queres, enfim, aproveitar de nossa benevolência prestando o devido culto aos deuses do Império romano?"

Brás respondeu: "Senhor prefeito, ninguém adora ídolos depois de conhecer o verdadeiro Deus".

"E tu, miserável, conheces um deus mais verdadeiro que os nossos? Estás nos acusando de ignorantes?", perguntou Agricolau.

"Sim conheço", respondeu Brás. "É o Criador de tudo o que existe, existiu ou poderá existir. É Ele que mantém na existência tudo o que criou e pode, se o quiser fazê-lo, voltar à não existência. Foi Ele quem nos enviou seu Filho Jesus Cristo..."

"Cala-te e não repete este nome", esbravejou Agricolau.

Um soldado bateu Brás na boca que sangrou. Agricolau disse com desdém: "Se eu te condenar à morte, quero ver se este teu Cristo poderá arrancar-te de minhas mãos ou, se como afirmas, ele te fará viver de novo!"

Brás calmamente: "Meu Deus te deu poder sobre meu corpo, podes atormentar-me com as sevícias que tua perversidade te inspirar; podes matar-me com o gênero de morte que inventares, mas nada atingirá minha alma que tenho sempre unida ao meu amado Deus e Senhor: Jesus Cristo!"

O soldado ergueu o braço para bater em Brás novamente, mas Agricolau o impediu com um gesto e disse: "Decido dar-te uma nova oportunidade de te salvares a vida. Aproveita-a! Vamos ao lago, onde aquelas mulheres que enfeitiçastes com teus ensinamentos imbecis afundaram os meus deuses. Se teus sortilégios e feitiços nos trouxerem de volta, estarás livre da morte e irás trabalhar nas minas de metais.[1] Assim terei a prova do poder deste Cristo a quem chamas de Deus e a quem adoras, e terei cumprido a nossa Lei".

Gritos da multidão: "Ótima proposta! Faça isto, prefeito! Veremos nós também! Vamos lá!"

Escoltado por cem homens e seguido pela multidão barulhenta, Brás foi quase empurrado até a beira do lago. Foi despido de sua túnica, retiraram-lhe as algemas e peias; ele ficou coberto apenas com uma pequena tanga. O corpo esquelético de ossos compridos apareceu à vista de todos. Fazia bastante frio, e ele tremia.

Chegaram o prefeito e tribuno carregados em liteiras nos ombros de escravos. No séquito de Agricolau, atrás de sua liteira e vigiados por dois escravos, vieram também os dois meninos algemados com mordaças e peias. A escrava Frágilis reapareceu, enchendo duas taças de vinho, e as apresentou a seus senhores. O tribuno ergueu a sua à altura dos olhos e disse: "À glória do Império e do Imperador!" Agricolau repetiu o gesto e brindou: "Aos deuses imortais!" Beberam e sorriram satisfeitos.

Agricolau ordenou com voz forte: "Seja proclamada a sentença!"

Um notário leu em uma tabuinha: "Condenamos o cidadão Brás a ser lançado no lago para que morra afogado ou

---

[1] A denominada "damnatio ad metalla" era entre os romanos a condenação a trabalho forçado nas minas de extração de minerais nocivos à saúde humana, por exemplo: o mercúrio, muito usado na cata do ouro.

traga de volta os deuses imperiais ali jogados pelas mãos ímpias de suas seguidoras! Cumpra-se a sentença!"

Um soldado abriu os elos e retirou as correntes que atavam os pulsos e os pés de Brás. Tomando distância, empurrou-o com força de encontro às águas que se tornaram sólidas ao sinal da cruz traçado sobre elas por Brás. Este, já sem algemas, caiu sobre o gelo meio apoiado nos joelhos e nas mãos. Ergueu-se, fez o sinal da cruz e caminhou sobre as águas enregeladas até quase ao meio do lago. Ajoelhou-se e se pôs a rezar. O espanto era geral até que alguém gritou: "É magia deste filho de demônios que o sustentam!"

Brás ergueu o braço e falou inspirado. "Senhor prefeito e povo sebastense, quem solidou as águas que piso foi o Deus que adoro: Jesus Cristo, o Filho do Deus, Criador de tudo. Este mesmo Deus fez, outrora, atravessar pé enxuto o Mar Vermelho seu povo escolhido de Israel ao tirá-lo da escravidão do Egito. Agora desafio vossos deuses, se é que têm algum poder, a vos fazer caminhar sobre este líquido elemento. Entrem no lago, caminhem e venham até onde estou! Façam isto se acreditam em vossos deuses!"

A um comando do prefeito, soldados, revestidos com pesada armadura, entraram marchando sobre o lago gelado. Uns segundos após, ouviu-se um forte estalido. Era o gelo que se quebrara, e 65 soldados tragados pelas águas desapareceram nas profundezas. Seguiram-se momentos de estupor nos assistentes. Correria, gritos e pragas ressoaram por todos os lados.

Agricolau, como assumindo a situação, fez das mãos uma concha e gritou para Brás: "Velho embusteiro, chega de escarneceres de meus deuses! Estou farto de zombares de mim e do divo imperador Licínio! Ordeno-te: venhas receber o que merecem teus crimes feitos de ilusões, mágicas e desrespeito à autoridade!"

Brás olhou para o alto e viu Jesus Cristo que lhe disse: "Chegou a hora, vá lá, meu testemunha fiel, para receberes a coroa que te preparei! Nada tema! Dá o maior testemunho de mim por parte de uma criatura humana: a vida!"

Com passadas firmes, Brás caminhou até a margem do lago e apresentou-se destemidamente: "Chamastes-me, prefeito, aqui estou!"

Agricolau disse-lhe: "Pensando bem, quero oferecer-te mais uma oportunidade de te salvares a vida. Vês estes meninos?"

A um gesto seu, dois escravos conduziram os meninos à frente de Brás. Agricolau ordenou aos escravos que lhes retirassem as mordaças e algemas e comandou a Brás: "Fale com eles, pois entendes o patoá que eles falam. Quero saber se não são cristãos, para adotá-los e preparar-lhes um grande futuro. Mas se já forem cristãos e se negarem a renegar essa superstição, morrerão contigo. Dependendo do que obteres, (e não me escondas nada!) comutar-te-ei a pena capital em degredo para a Hircânia, onde poderás ensinar aos bárbaros tuas sandices cristãs. Veja que quero poupar-te à morte. Vamos, fale com eles!"

Brás disse-lhe: "Obedeço".

E pôs-se a falar em um dialeto licaônico com os meninos. Esses revelaram-lhe que ainda não eram batizados, mas seguiam a fé de sua mãe que o prefeito matou e, agora, queriam receber o batismo para revê-la junto de Deus, no céu. Brás, então, recordou-lhes brevemente os princípios da fé cristã e lhes garantiu que o desejo de serem batizados já os tornava cristãos.

Eles insistiram que queriam o batismo com água como já viram fazer com outros. Brás lhes respondeu que rezaria e Nosso Senhor providenciaria, se assim fosse de sua santa vontade. Rezou uns instantes. Um acesso de tosse o invadiu. Um soldado escarneceu olhando para os companheiros: "Vejam! O lobisomem grunhindo!" Um outro disse: "Dá-lhe água para beber!" O soldado, então, tirou o capacete, encheu--o com a água do lago, achegou-se a Brás e deu-lhe o capacete dizendo: "Beba, porco dos infernos, e pare de bufar!"

Brás pegou o capacete. Elevou os olhos ao Céu em uma prece silenciosa. O soldado voltou-lhe as costas para dizer outro gracejo aos companheiros. Então, Brás, em um gesto rápido, derramou a água do capacete sobre a cabeça dos meninos, dizendo com voz firme e convicta: "Pedro e Paulo eu os batizo, em nome do Pai e do Filho † e do Espírito Santo". Os meninos responderam: "Amém!"

Seguiram-se momentos de horror na assistência. Todos se afastaram. Enfim, gritos: "ele os enfeitiçou! Fujam! Eles vão virar monstros. Cuidado com a hidra de Lerna!"[2] Houve um corre-corre. Depois estrondou uma gargalhada geral: "Que nada! É o banho dos cristãos! Ele os tornou cristãos bem aos nossos olhos! Que sagazes estes cristãos!"

Agricolau se enfureceu e perdeu toda a compostura. Achegou-se a Brás e bateu-lhe o rosto com força, jogando-o por terra. Ele ergueu-se a custo. Do canto da boca, correu-lhe sangue.

---

[2] Os habitantes de Lerna, na Grécia pré-histórica, sofriam com as febres palustres dos manguezais e pântanos circunvizinhos. Então imaginaram uma cobra monstruosa com sete cabeças que, cortada, revivia e devorava as pessoas. Um dos míticos trabalhos de Hércules foi matar a serpente, cortando-lhe as cabeças e queimando as feridas para que não renascessem. Possivelmente, trata-se de um trabalho de esgotadura dos pauis e saneamento.

Fitou com calma e nobreza seu agressor, que, despeitado e não aguentando tamanha serenidade, cuspiu-lhe no rosto. Afastou-se uns dois passos e, assumindo ares profissionais de juiz, ditou a sentença que os amanuenses anotaram com presteza:

"Condenamos à morte por decapitação o cidadão Brás, chefe dos cristãos sebastenses, que (prazam os deuses!) haveremos de extirpar desta Província. Seu crime comprovado: sacrilégio, blasfêmia, desrespeito aos deuses pátrios, desprezo às ordens do divo imperador Licínio, que proíbe ser cristão em seu Império; corrupção de menores, enfeitiçando com ritos proibidos dois belos efebos que destinávamos a nosso palácio. Mas, agora nos vemos obrigados a condená-los à mesma pena capital, por terem se tornado cristãos. Execute-se a sentença à Porta da cidade para servir de escarmento a todos. Ordenamos, também, fiquem seus cadáveres, até o início da 3ª vigília,[3] expostos à execração de forasteiros e sebastenses que por ali passarem e, assim, certifiquem-se de nossa postura diante destes malditos cristãos!" Ao centurião ordenou: "Senhor encarregue-se disso sem mais delongas!"

Gritos da multidão: "Morte aos inimigos do Império! Morte aos cristãos! Viva o Imperador! Viva Agricolau!"

Um dos meninos perguntou choroso a Brás: "Vai doer muito, pai?"

Brás disse com carinho: "Só sei, meus filhos, que, após o golpe fatal, separando-nos a cabeça do corpo, veremos Nosso Senhor Jesus Cristo e os que nos precederam neste Caminho. Coragem, meus filhos! Um instante só e, depois, a Vida Eterna!"

---

[3] Os romanos dividiam a noite em 4 vigílias de três horas cada uma: a 1ª das 18h às 21h; a 2ª das 21h às 24h (meia-noite); a 3ª das 24h às 3h; e a 4ª das 3h às 6h. Nesse caso, os cadáveres seriam vigiados até o início do dia 4 de fevereiro do ano de 316 da era cristã.

Os meninos abraçaram-se alegres: "Vamos rever mamãe!"

Brás disse com solenidade: "Senhor Jesus, aceitai este nosso sacrifício e juntai nosso sangue pecador ao Vosso Sangue bendito! Perdoai a nossos algozes e fazei-os encontrar a Verdade da Fé em Vós, a única que salva!"

A um aceno do centurião soaram três toques de trombetas impondo silêncio.

O arauto leu com voz solene um resumo da sentença anotado por um amanuense. Seguiram-se ordens gritadas: "Tropa, sentido! Preparar!"

Agricolau com voz estertorada se aproximou de Brás. Cuspiu-lhe mais uma vez nas faces e gritou: "Venceste, Brás! Pensei servir-me de ti no extermínio dos cristãos nesta província. Oferecer-te-ia honras e riquezas. Mas, desprezaste tudo e não renegaste o teu Cristo. Venceste! Porém, agora vou calar-te para sempre, meu inimigo! O que desejo é que sejas esquecido por todos!"

Olhou abestalhadamente para a multidão. Já estava bêbado, mas sorvia ainda mais uma taça de vinho que Frágilis lhe apresentou. Amparado por dois lacaios, assentou-se na liteira que os fortes escravos núbios erguiam sobre seus ombros, o mesmo fazendo outros escravos com a liteira do tribuno.

Metade da tropa, sob o comando do centurião que já passou ao decurião Quirino a tarefa da execução e guarda dos cadáveres às portas da cidade, alinhou-se atrás das liteiras. Soou o sinal de partida e o cortejo que acompanharia os senhores ao palácio prefeiturial se pôs em marcha ao som do pífaro e do tambor que marcavam o ritmo da marcha. O prefeito totalmente bêbado acenou para a multidão imbecilóide que o seguia aclamando-o: "Viva Agricolau! Viva o tribuno! Viva o Imperador! Viva o Império romano!" Enquanto isso o cortejo do decurião se posicionou em sentido contrário. À frente os soldados, escoltando Brás, e os meninos no centro. A seguir uma chusma de populares ávidos de um espetáculo de sangue. Ao comando do decurião moveu-se o lúgubre cortejo em uma algazarra infernal rumo à porta principal de Sebaste.

À beira do lago

Cessado o escarcéu, os três amigos se entregaram a um passatempo. Havia por ali muitas conchinhas de moluscos. A brincadeira consistiu em pegar uma conchinha entre o indicador e o médio e imprimir-lhe um impulso forte para que se fosse saltitando sobre a superfície da água. Ganhava a que conseguisse ir mais longe. Com entusiasmo infantilesco, aplaudiam e torciam. Passaram neste folguedo bastante tempo, mas via-se que suas mentes e sentimentos vagueavam bem longe daquilo. Calpúrnio afinal pôs termo à folgança desabafando-se:

"Esses cristãos são têmpera de aço. Não se curvam às ameaças; não se lamentam dos maus-tratos que recebem; não se revoltam com o desprezo e as humilhações. A convicção deles tem a consistência do granito ou do diamante. Onde se viu isso: um ancião, sete mulheres e duas crianças entregarem suas vidas com tanta serenidade e desapego?! Pareciam serem outros os que teriam de sofrer os tormentos! O 'discípulo da Porta' saberia explicar isso?"

"Não." Foi a resposta de Crisipo, o estoico. "É sabedoria humana calar-se diante dos mistérios que envolvam as pessoas. Não sou cristão, mas invejo a coragem e intrepidez deles em uma resistência passiva e inquebrável..."

"Não é fácil ver nosso prefeito agindo como se fosse um deus sabedor de tudo e dono da vida dos outros", resmungou Laertes. "Por que expulsar da vida tais pessoas tão somente por seguir uma crença e praticar um culto diferente do seu? De onde esta pretensão de impor um só pensar em um Império e um só o querer?"

"Eis a que chegamos: viver à mercê de tiranetes que permitem a vida somente a quem secunda suas vontades e fantasias", sentenciou Crisipo. "E digo mais: a principal obrigação de um Governo é tentar harmonizar as diferenças e evitar confrontos entre os súditos. Não se cortam cabeças humanas impunemente!"

"Propões revoltas, sedições, levantes? É sempre substituir homens por homens e, quase sempre, os adventícios fazem igual ou pior", escarneceu o cético Laertes.

"Proponho", tornou Crisipo, "uma volta ao bom senso, ao raciocinar no significado da presença humana neste mundo. O respeito e a valorização das culturas e o justo apreço por este caniço pensante que é a pessoa humana".

"Então, volta à carga o ceticismo de Laertes. Isso não passa de utopia em um Império, cujos dirigentes se têm por investidos de poderes divinos."

"Não conheço bem os cristãos, mas imagino-os lutadores por essa utopia universal a que, na verdade, todos aspiram", ajuizou Calpúrnio.

"Exato", concluiu Crisipo. "Eles não propagam filosofias, mas uma pessoa a quem confessa divina: o seu Cristo. Se estiverem certos, os impérios e os sistemas de saber não passam de vaidades, egoísmo e orgulho humanos que se sucederão como a noite ao dia e uma geração a outra caminhando sempre para o frio do nada existencial."

Desta vez decepcionados, cabisbaixos, remoendo os próprios pensamentos, afastaram-se sem mesmo se despedirem.

6
JUNTO ÀS PORTAS DE SEBASTE

O espetáculo

"Tornamo-nos como o lixo do mundo, o desdém de todos."
(1Cor 4,13)

Vista deprimente! Três corpos separados de suas cabeças; poças de sangue e guardas de espadas em punho rondavam de lá para cá mal-humorados, praguejando e, de vez por outra, dando uma "bicada" no cantil de vinho que tinha apenso ao cinturão. O frio era de rachar.

A maior parte dos entrantes e saintes da cidade torciam o rosto enojados com o espetáculo tão degradante. Uns poucos, porém, paravam, observavam e, às vezes, cochichavam à meia voz. Alguns demonstravam dó pelos meninos executados e amaldiçoavam Brás, o velho embusteiro que os enfeitiçou com sua mania de uma crença estranha. Já outros mais levianos gralhavam louvaminhas a Agricolau, o nobre Prefeito, salvador da cidade extirpando os traidores cristãos. Falavam dos acontecimentos, discutiam, emitiam opiniões e iam com elas cada um para seu canto.

Assim se foi o dia 3 de fevereiro de 316 da era cristã; a noite chegou e o frio aumentou. A cidade se aquietou e se entregou à indolência das pocilgas. As trocas de piquetes se efetuavam dentro do figurino de quartel. Enfim, a corneta anunciou a 3ª vigília.

Que bom voltar à caserna, depor a pesada armadura e dormir o resto da noite! Apanharam as lanças e saíram tropeçando nos cadáveres dos executados. E matutaram: "Que este maldito decurião não invente agora de nos mandar abrir uma vala para enterrar estes trastes renegados, era só que nos faltava! Deixe estes miseráveis apodrecerem por aí ou serem devorados pelos bichos! Vão pegando seus badulaques..."

Sepultamento

"Foram recolher os corpos dos que tinham morrido, a fim de sepultá-los."
(2Mc 12,39 passim)

"Alto! Quem vem lá?" O grito partiu do decurião Quirino, sempre alerta. Eram quatro senhoras saindo da escuridão pela porta da cidade, de braços erguidos. Aproximaram-se dos guardas. Helyceia, viúva do conceituado patrício Cecílio, dirigiu-se ao decurião, prostrou-se de joelhos a seus pés e implorou:

"Senhor, permita-nos sepultar os corpos destes justiçados!"
"Quem são eles?", perguntou o decurião precavido.
"Senhor, eu os conheci e..."
"Permissão concedida. Mas sem tardança e proibida qualquer pompa." E em tom severo: "Trata-se de condenados e executados pelo poder jurídico, como inimigos do Império. O divo Imperador os deseja totalmente esquecidos e execrada sua memória por todos os cidadãos de bem. Entendido, senhora?"

"Senhor, seguirei à risca o que manda! Soube que o centurião Honoratus passou-lhe a incumbência de fazer desaparecer estes cadáveres, tão logo soasse a 3ª vigília noturna assinalando a passagem de ontem para hoje. Eis por que vim com minhas servas e alguns servos pedir-lhe o favor de permitir-nos ocupar desta tarefa que lhe foi confiada."

"Já permiti", respondeu-lhe o decurião. E aos soldados: "Podem se dispersar até amanhã na apresentação da guarda no quartel".

Helyceia, estendendo-lhe uma bolsa com dinheiro: "Aceite, senhor!"

O decurião com um gesto de recusa disse com orgulho na voz: "Não, minha senhora. Não aceito peita. Sou romano da velha cepa do Império de Marte!"

"Não é pagamento, é tão somente um agrado, senhor", disse Helyceia.

O decurião voltou-lhe as costas e foi pegar seus trecos dispersos por ali. Os soldados foram saindo rumo à porta da cidade e estenderam disfarçadamente a mão a Helyceia que lhes foi repartindo o conteúdo da bolsa. O decurião fez que não viu, e os soldados contentes saíram tilintando as pesadas armaduras.

Helyceia, dirigindo-se à porta, chamou em voz alta: "Flegonte, Lúcio, Renato, Restituto, Tácito... venham!" Apareceram os cinco escravos trazendo ferramentas para cavar o solo, embrulhos de panos, e até uma padiola...

O decurião, saindo, comentou entre sério e zombeteiro: "Boa estratégia, senhora! Plano perfeito, tudo bem avaliado! Sei que sois cristãos".

Todos se assustaram. Os escravos caíram de joelhos estendendo as mãos súplices. O decurião logo os tranquilizou: "Somente cristãos se exporiam a tamanho perigo para sepultar seus mortos. Nada receeis! Jamais os denunciarei".

Esboçou um arremedo de continência militar e se encaminhou para a porta da cidade, desaparecendo logo na escuridão da noite. Após um pouco de silêncio em que se entreolharam, Helyceia assumiu o comando das ações.

"Vamos depressa e não percam tempo! Limpar o sangue dos rostos destes santos nossos irmãos! Ajustem as cabeças aos corpos por meio de sudários! Envolvam-nos nos lençóis colocando perfume e incenso! Vamos sem demora! Que não sejamos espionados neste santo mister de sepultar nossos irmãos na fé tão cruamente assassinados! Quanto mais rápido melhor!"

Em profundo silêncio, em que cada um parecia meditar, as ordens foram executadas com rapidez. Lençóis de linho foram estendidos no solo; corpos e rostos foram limpos com esponjas previamente umedecidas. Corpos e cabeças ajustados, envolvidos em lençóis e atados com faixas de um tecido mais resistente; manchas de sangue surgindo aqui e acolá. O corpo de Brás foi colocado na padiola. Um escravo e uma serva cuidaram de transportá-lo. Duas outras servas carregaram nos braços os corpos dos meninos martirizados.

Enquanto isso se fazia à beira da estrada, os outros quatro escravos, ao lado da muralha da cidade, a umas quinhentas braças[1] dali para o levante, com enxadões e pás abriram uma

---

[1] Medida daqueles tempos equivalente hoje a dois metros e dois milímetros cada braça. A atual braça inglesa corresponde a um metro e 8 milímetros, informa-nos o Novo Dicionário Aurélio no verbete: "braça".

vala de umas duas braças de comprimento por uma de largo. Não era funda, talvez de uma braça. Havia muito cascalho e o terreno era muito compacto, oferecendo grande resistência à escavação.

Helyceia tomou a dianteira do triste cortejo, dirigindo-se ao local da vala. Com carinho e cuidado, depuseram na vala os corpos lado a lado. Espalharam sobre eles incenso, borrifaram perfume e os cobriram com a terra que fora escavada.

Colocaram a seguir pesadas pedras sobre a sepultura para evitar o ataque de lobos e hienas, cujos regougos e "risadas" se ouviam e cujos olhos faiscavam no escuro da noite.

Tomadas tais precauções, persignaram-se e oraram: "Santos Mártires de Cristo orem por nós!"

Em dois grupos, homens separados das mulheres que usavam grandes véus, retiraram-se cabisbaixos e meditativos rumo à mansão de Helyceia.

POSFÁCIO

A falta de documentos consistentes e fidedignos me desaconselhava tentar escrever uma biografia de São Brás, bispo e Mártir de Sebaste na Armênia Menor no início do século IV da era cristã. Portanto, há 17 séculos.

Não obstante, em um preito de gratidão a São Brás, ousei enfeixar no texto acima todo o acervo de informações colhidas sobre ele. Tentei, outrossim, englobar em uma visão panorâmica o contexto sócio-ético-religioso da época, por meio de reflexões e notas.

O resultante foi uma mistura de cultura e história em uma formulação bastante romanceada. Porquanto, o que interessava era o quadro antropológico vivenciado pelo herói e não tanto a historicidade da hagiografia, quase impossível de contextualização.

Esforcei-me também em mostrar, de alguma maneira, no "caso Brás", o confronto da proposta cristã diante do culto oficial, imposto pelo Império romano, e o filosofismo desgastado dos "formadores de opinião" entre o povo. Fiz isso por vezes em uma forma bastante caricatural, pois as falas dos "amigos filósofos" refletem a ambiguidade e transtornos das consciências.

As classes marginalizadas vislumbravam uma "boa nova" na proposta cristã, isto é, a possibilidade de mudanças para melhor viver. Percebiam que a fé dos cristãos respondia, melhor do que os mitos pagãos, às exigências antropológicas de seu dia a dia com suas penas e seus desafios. Viam que por traz dessas "construções imaginárias" se escondiam a corrupção, a safadeza e, sempre, os interesses, já que tais mitos eram encomendados a letrados e poetas com o fito de legitimar o comportamento das classes abastadas.

O "povo" já estava cansado da prática de uma religiosidade que, erroneamente, denominou-se de "paganismo", e era feita de: oráculos, augúrios, sacrifícios e hecatombes de animais. Por isso as conversões ao cristianismo iam acontecendo constantemente a ponto de incomodar as autoridades.

Era compreensível, pois a conversão cristã exigia uma postura firme e consciente diante da maneira do pensar e agir da cultura em voga. Isso colidia, muitas vezes, com interesses, e as consequências eram conflito e confronto. O que mais chocava com a mentalidade circundante era a afirmação da fé cristã: "O Homem Jesus é o próprio Verbo de Deus Encarnado; sua morte ignominiosa e sua ressurreição gloriosa se tornaram a fonte de salvação para todos os que crerem n'Ele; o reino de Deus que Ele ensinou é o modelo de uma humanidade renovada segundo a vontade de Deus".

Isso era inaceitável à sabedoria do tempo que privilegiava a razão. E, claro está, não se chega ao fato da encarnação do próprio Deus, como ensinam os cristãos, tão somente pelo raciocínio. Um Deus que morre crucificado era entre os não cristãos tema de deboche e zombarias, como atesta o "crucifixo do Palatino" (um grafito encontrado em escavações arqueológicas, em Roma), que retrata um burro pregado em uma cruz tendo um homem ajoelhado diante, com a legenda: "Alexandre adora seu deus". Veja-se por aí o ambiente hostil em que viviam os cristãos.

Também homens de letras e ciência não perderam a chance de combater e ridicularizar os costumes e ensinamentos dos cristãos.

Assim, o filósofo Celso escarnece, com um sarcasmo digno de Voltaire ou Nietsche, a doutrina cristã sobre a Criação e a Redenção da raça humana. Critica, em um deísmo que faria inveja aos enciclopedistas franceses, o que acoima de pretensão dos cristãos de haver Deus se dado a conhecer a um povo bárbaro como os judeus. Zomba de um "mistério da encarnação", ensinado pelos cristãos, e despreza mais ainda "um mistério de redenção", efetivado por um Deus-Homem crucificado, em um enclave obscuro do Império romano.[1]

Efetivamente, a coragem dos cristãos de viver diferente incomodava o mundo dos "bem-pensantes". É a razão por que Luciano, filósofo do grupo dos Sofistas, satirizou-os em uma pasquinada que denominou de "O Galo" (em grego, Ho Aléctor).

Na forma literária, trata-se de uma invectiva contra um galo que o acorda com seu canto, quando ele prefere dormir, e o aborrece com seus cacarejos, quando quer silêncio. No fundo é uma metáfora em que "o galo" simboliza os cristãos, cujo viver difere e mexe com o seu.

Também o escritor romano Amiano Marcelino dirige críticas ferozes ao bispo de Roma (o papa) porque, com a trans-

---

[1] As obras de Celso se perderam. Alguns de seus pensamentos nos são conhecidos por intermédio de Orígenes, um bispo cristão, em sua réplica "Contra Celsum" ("Rebatendo Celso"), em tradução latina.

ferência do governo imperial (imperador e corte) para Constantinopla nas margens do Bósforo, lá pelo ano 330, sobreveio um vazio de autoridade na ex-capital do mundo, agora rebaixada à capital de Província e governada por um prefeito. Com isso, a autoridade moral e espiritual do bispo de Roma cresceu preenchendo o vácuo. E os amantes da "velha ordem" espernearam, culpando os cristãos.

Converter-se, pois, ao cristianismo implicava limitações, exclusões e críticas constantes. Era mister romper com toda uma maneira de pensar, viver e, até mesmo, sentir, para se viver diferentemente dos outros e arcar com as consequências disso.

Aos poucos, formou-se entre os cristãos a que depois ficou conhecida como "Doutrina do Arcano". Consistia em uma espécie de código de palavras e símbolos acessíveis só aos iniciados, no caso os cristãos. Por exemplo: "o Peixe" simbolizava Jesus Cristo para os cristãos, em uma atividade mnemônica muito bem pensada. Quer dizer: tomando-se as letras iniciais de cada palavra da frase em grego: "Jesus Cristo Filho de Deus Salvador", formava-se a palavra "íchtis" que significa "peixe", em grego. Então, a palavra "Peixe" tornou-se como uma senha com que os cristãos se davam a conhecer e os não cristãos, não sabendo, ficavam "a ver navios".

Por vezes, também, os cristãos inculturaram símbolos míticos dos não cristãos, como Orfeu com sua flauta, para simbolizar Jesus, o Bom Pastor; também a Fênix, águia mítica, que revivia das próprias cinzas, foi assimilada para significar Cristo Ressuscitado. E, assim, com muitos outros símbolos e conceitos, os cristãos criavam uma cultura quase paralela.

Mas isso não criava confusão também?

São Brás - Bispo e Mártir

Por certo, pois nem todos eram capazes de entender que toda lenda pressupõe um momento histórico que serviu de "pano de fundo" à imaginação que depois o desdobrou e embelezou.[2]

E, foi nesse "pano de fundo", ou cultura do Império romano do Oriente, no século quarto da era cristã, que se contextualizou o drama: "Brás, Bispo-Mártir de Sebaste".

Daí entendo que, despidas da roupagem estética da imaginação, as "Atas" do martírio de São Brás apontem para um fundo histórico dando origem à tradição acerca de um bispo cristão virtuoso e sábio, que preferiu, conscientemente, ser torturado e morto a renegar sua adesão a Jesus Cristo – o Filho de Deus encarnado – e sua fé nele.

Assim explica-se também que, na III Acta, capítulo 1°, escrita muitos séculos depois, encontre-se um perfil de São Brás nestes termos: "Era prudente, manso de aspecto, agradável, afável, casto, atento à pratica da caridade e muito paciente; nada o ensoberbecia, nem os sucessos nem os fracassos, de muita caridade, misericórdia, todos o amavam; discreto e adornado com as flores de todas as virtudes".

Como se vê a adjetivação é farta (13 adjetivos); porém resumível em um só: um cristão consciente de sua fé. Porém, o ambiente de cristandade medieval exigia toda essa linguagem florida de engrandecimento ao seu santo herói.

Em nosso relato sobre São Brás, apenas três pessoas, com as características desse termo, roubam a cena: o próprio Brás, o prefeito Agricolau e a senhora mártir, mãe dos dois meninos.

---

[2] Nenhuma lenda partiu do nada. No núcleo de cada lenda se escondem um fato ou a tentativa de explicar um acidente geográfico, como fica claro na obra de Ovídio: "Metamorfoses".

Brás é do tipo fleugmático; Agricolau é irascível; e a mártir é sanguínea e impetuosa. Os demais são apenas personagens ou coadjuvantes. Com tais caracteres é fácil prever choques inevitáveis. Agricolau chega quase ao paroxismo. Brás se mantém dono da situação. A mártir tem um gesto de supremo heroísmo ao derrubar a estátua de Júpiter.

Nossa pretensão foi retratar Brás no seu contexto cultural, tendo por moldura o ambiente do Império romano na primeira metade do século IV. Somente quem leu o relato acima poderá julgar se tal meta foi alcançada.

Aos amigos de São Brás, a proteção do Santo patrono!
LAUS DEO VIRGINIQUE MATRI!

APÊNDICE

SÃO BRÁS PELO MUNDO

"Foi-lhe dada sepultura com os ímpios."
(Is 53,9a)

E permaneceu assim enquanto durou a perseguição aos cristãos no Império romano oriental. O gesto caridoso da piedosa viúva Helyceia nem podia ser lembrado. Mas tudo mudou após a vitória de Constantino (Flavius Valerius Aurelius Constantinus)[1] sobre Licínio e a reunificação do Império romano. O Edito de Milão (313), concedendo aos cristãos o direito de existir e praticar seu culto, estendeu-se por todo o Império, e os cristãos saíram das "catacumbas". Construíram suas igrejas e seus lugares de culto, até então, escondidos nas casas.

Uma antiga tradição fala de uma esplendorosa igreja que os cristãos de Sebaste teriam elevado a São Brás sobre a tumba, onde Helyceia e seus servos depositaram os corpos martirizados dele e dos dois meninos.

Como era de se esperar, a memória de Brás e companheiros mártires de Cristo começou a se espalhar, primeira-

---

[1] "Imperador romano, iniciador da cristianização de Roma. Nascido em Naissus (*atualmente Nis na Sérvia*) e criado na corte de Diocleciano, torna-se imperador do Ocidente em 312 e, em 324, passa a reinar sobre todo o Império. No mesmo ano ergue, em Bisâncio – Constantinopla –, sua capital permanente (*inaugurada em 330*). Como disse depois Dante Alighieri: *"por ceder ao pastor se fez grego"* (Paraíso, canto XX, 57). Favorável ao Cristianismo instaura a liberdade religiosa pelo Edito de Milão (313). Em 325 reúne o Concílio de Niceia, para que ele se pronuncie sobre os problemas teológicos da época. Fundador de várias igrejas; é batizado pouco antes de sua morte" ("Atlas de História Mundial" de "Seleções do Reader's Digest").

mente, pelas Províncias do Império romano oriental: Síria, Armênia e Grécia.

Testemunhos muito antigos nos garantem sua grande aceitação entre cristãos gregos que o tinham na conta de grande taumaturgo. Em muitos lugares sua festa era dia santo de guarda, e o Ofício do Breviário de "Primeira Classe" com 3 Noturnos e 9 Leituras.

Menaea, um escritor muito antigo, faz alusão à festa de São Brás em uma igreja que lhe era consagrada em Constantinopla, então capital do Império romano reunificado.

Escrevendo sobre o abade Gaspar Molitore, Henrique Pantaleon, um médico de Basileia, refere-se a um cenóbio muito antigo, situado na Hircínia não muito distante de Waldshut, antigo acampamento militar dos romanos. Teria sido fundado por cristãos fugitivos da perseguição de Diocleciano, cerca do ano 300. Ali levavam uma vida de anacoretas inspirados em São Brás que lhes teria aparecido e os animara a levarem tal gênero de vida.[2] Pelo ano 600 os anacoretas teriam adotado a regra de São Bento, e o velho cenóbio se transmudou em um mosteiro beneditino.

Porém, como se pode deduzir de um escrito de Lambertus Schafnaburgensis, parece que a igreja mais antiga dedicada a São Brás no Ocidente data de 706, construída em Erfurt, na Turíngia.

São Brás foi o padroeiro da República de Ragusa na Dalmácia. Ali sua festa tinha a duração de quatro dias. E as moedas correntes na república traziam gravada a sua efígie.

---

[2] O ideal de ascetismo como luta heroica para superar o mundo e a carne é associado pelos primeiros cristãos à ideia de martírio e virgindade. As "Atas" do martírio de São Brás põem em relevo o pendor desse santo para a vida solitária.

Mário Vípera nos garante, em um de seus escritos, que São Brás foi escolhido como um dos "Santos Tutelares" da cidade de Benevento, na Itália. Havia ali duas igrejas a ele dedicadas, uma paroquial e outra fora dos muros. Octavius Panciroli enumera cinco igrejas consagradas a São Brás em Roma.

Mas foi durante a Alta Idade Média, a partir do século VIII, que seu culto adquiriu grande voga entre o povo cristão da Alemanha, França e Bélgica. Era o Padroeiro de Mulhausen e muitas outras cidades o tiveram como seu Patrono. Fazia parte dos "14 Santos mais invocados" pelo povo cristão durante a Idade Média.

Na Rússia antiga foi o protetor dos criadores de porcos e de gado em geral, em recordação da historieta do "Lobo e o Porco" da viúva de Nicópolis, contada na 4ª Ata de seu martírio.

Todavia, seu culto no Ocidente cristão ganhou notável incremento no "tempo das Cruzadas", porque foram trazidas "relíquias", que se diziam de São Brás, e também alguns escritos em grego muito antigos contendo informações sobre o contexto sócio-cultural-religioso em que viveu São Brás, traduzidos para o latim pelo grande renascentista Metaphrastes.

No Catálogo dos Santos, encontram-se mais 6 canonizados portadores deste nome e que, por certo, lhes foi dado em memória agradecida ao santo bispo Mártir de Sebaste. Lembramos aqui outro santo mártir conhecido como Blasius Armentarius, isto é, Brás, o cuidador de gado. Quase contemporâneo do bispo de Sebaste e que foi martirizado em Cesarea da Capadócia.

São Brás foi uma das últimas vítimas da perseguição oficial aos cristãos desencadeada pelo Império romano.

Transcrevemos aqui um testemunho de Dom Silvério Gomes Pimenta, contado na "Vida de Dom Antônio Ferreira Viçoso", sobre a presença da devoção a São Brás em Portugal. O fato aconteceu em Peniche, aldeia portuguesa onde nasceu Dom Viçoso.

Conta-nos Dom Silvério: "Não devemos omittir aqui um facto acontecido em casa de Antônio, o qual sua virtuosa mãi lhe costumava recontar para mais profundamente gravar nos coraçõesinhos de seus filhos a confiança em Deos, e desejos de amal-o. Pouco depois de sahir das mantilhas, seo irmão José, por simpleza dessa idade acertou de engulir de uma vez um quarteirão de agulhas. Quando veio a mãi, já ellas no estômago da criança executavão os estragos, que era razão executassem, e o punhão, no extremo fio da vida, já deitava pela boca espumas precursoras da morte, já o semblante se lhe tinha tornado negro, revirava os olhos, e dava indícios do próximo e fatal desfecho. Nesta pressa, corre Maria Gertrudes (a mãe de Dom Viçoso) ao céo – que em suas afflições as almas pias primeiro se lembram do céo do que da terra. Interpõe sua petição e Deos por meio de S. Braz, conhecido em lances semelhantes. Toma o menino nos braços e voa à capella do santo, que não era longe da casa, deposita-o sobre o altar, e promete que, se o menino escapa daquela morte triste e certa, será juiz de sua festa. Caso espantoso! Mal se tinhão passado estas scenas, começou a criança a deitar as agulhas pela bocca, dentro em pouco livres, elle do perigo e a mãi do susto e afflição, com a família que a tinha acompanhado, tornão à casa entre louvores a Deos, e acções de graças pelo insigne favor que ficavam devendo à sua Divina Magestade".³ Em Évora há uma bela igreja dedicada a São Brás; talvez um ex-voto de gratidão por favores obtidos ou, mais certamente, a testemunha da devoção dos velhos lusitanos católicos ao santo Protetor contra os males da garganta.

---

³ "Vida de Dom Antônio Ferreira Viçoso", p. 5 e 6, 3ª ed., Typographia Arquiepiscopal – Mariana, 1920. *Conservamos a grafia do original.*

SÃO BRÁS PELO BRASIL

Os colonizadores lusos católicos implantaram sua devoção aos santos no Brasil, sua nova pátria. São Sebastião é o fato mais notável, mas também muitos outros, como: Santo Antônio, Santa Luzia, São Roque e, entre eles, São Brás, o santo bispo mártir, protetor contra os males da garganta. Sua devoção caiu no goto do povo. Durante o tempo da Colônia, elevaram-se-lhe igrejas, capelas, ermidas e altares.

Três municípios brasileiros trazem o nome de São Brás como seu topônimo, consoante a "Enciclopédia dos Municípios Brasileiros" do IBGE.

São Brás do Suaçuí, MG, na Arquidiocese de Mariana[1]

Um pequeno tópico de sua história: "Por volta de 1713, no mesmo local onde hoje se encontra a sede do município, foi doada uma sesmaria de uma légua quadrada a José Machado Castanho, assinando a doação Dom Brás Balthasar da Silveira, no dia 22 de dezembro. Em época não precisa, mas possivelmente pelas proximidades de 1713, alguns portugueses que demanda-

---

[1] Que se situa na Zona Metalúrgica do estado de Minas Gerais na Arquidiocese de Mariana. É o padroeiro da paróquia do mesmo nome.

vam São João del-Rey e se detiveram em São Brás edificaram uma igreja em torno da qual surgiram as primeiras moradias com alicerce de pedra, de pau a pique, cobertas de telhas curvas. O aspecto geral é de terreno montanhoso em uma área de 100 quilômetros quadrados, distando da capital Belo Horizonte 78 quilômetros em linha reta na direção sul-sueste. Como curiosidade há uma igreja construída ainda no tempo do Brasil colônia".[2]

O topônimo "Suaçuí" vem de um afluente do Rio Paraopeba que banha a região. E o nome "São Brás" seria em homenagem ao doador da sesmaria?

São Brás, AL, na Diocese de Penedo

Um pouquinho de sua história:

"Muito pouco se sabe da origem deste município alagoano. Foi inicialmente uma povoação localizada um pouco acima de Porto Real do Colégio, cujo território pertencia não se sabe quanto à jurisdição civil, como quanto à eclesiástica. O nome do município foi tomado do Padroeiro da Paróquia, São Brás, bispo mártir. A freguesia foi criada por Lei Provincial n. 702 de 19 de maio de 1875, tendo como padroeiro São Brás. São Brás está situado na parte oeste do estado de Alagoas, na Zona Fisiográfica do sertão do São Francisco, distando da capital Maceió 140 quilômetros. Ocupa uma área de 456 quilômetros quadrados. Os habitantes do município são conhecidos pelo nome de são-braenses"[3].

---

[2] Fonte: Enciclopédia dos Municípios Brasileiros, IBGE.
[3] Fonte: Enciclopédia dos Municípios Brasileiros, IBGE.

São Brás do Piauí, PI, na Diocese de São Raimundo Nonato

Uma pequena notícia histórica:

"O município tem esse nome em homenagem ao Santo Padroeiro da cidade. Os habitantes são conhecidos por: san-brazenses. Situa-se na diocese de São Raimundo Nonato. Em 2015 a paróquia não tinha vigário provisionado. Estende-se o município por uma área de 656,36 quilômetros quadrados com uma população de 4313 habitantes e dista 559 quilômetros da capital do estado Teresina".[4]

Bairros

Na capital paulista existe o conhecido "bairro do Brás". Também em Curitiba, capital do Paraná, e Belém, capital do Pará, possuem bairros com esse nome.

Nome próprio

Quase sempre é por promessas das mães agoniadas com seus filhos a ponto de morrerem sufocados como no "caso da viúva de Sebaste".

Muitas vezes é como segundo nome, como: José Brás etc.

A grafia mais antiga é com Z final (Braz). Encontra-se também: Bras.

---

[4] Fonte: Wikipédia no Facebook.

ÍNDICE

À guisa de prefácio 7

1. Estava para morrer engasgado................................ 13
   Em um canto da praça... 18
2. Na masmorra 23
   Em uma taberna de Sebaste 32
3. No Pretório diante de Arquelau 37
   Enquanto isso... 50
4. Intermezzo para o testemunho de sete mulheres......... 55
   Na praça vazia... 59
   Trocando opiniões 63
5. Condenado e executado com os dois meninos 71
   À beira do lago 79
6. Junto às portas de Sebaste 83
   O espetáculo 83
   Sepultamento 84

Posfácio 89
Apêndice 95
   São Brás pelo mundo.. 95
   São Brás pelo Brasil 101
   São Brás do Suaçuí, MG, na Arquidiocese de
   Mariana..101

São Brás, AL, na Diocese
de Penedo 102
São Brás do Piauí, PI, na diocese de
São Raimundo Nonato 103
Bairros 103
Nome próprio 103

A marca FSC® é a garantia de que a madeira utilizada na fabricação do papel deste livro provém de florestas que foram gerenciadas de maneira ambientalmente correta, socialmente justa e economicamente viável.

Este livro foi composto com as famílias tipográficas Book Antiqua e Calibri e impresso em papel Offset 75g/m² pela **Gráfica Santuário**.